DEBUT D'UNE SERIE DE DOCUMENTS
EN COULEUR

Couverture inférieure manquante

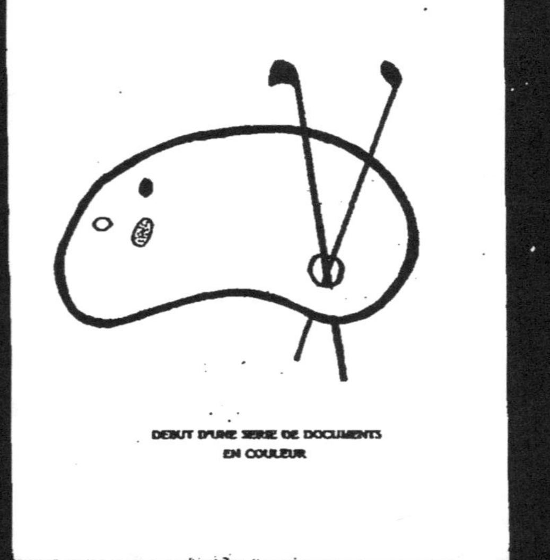

DÉBUT D'UNE SÉRIE DE DOCUMENTS
EN COULEUR

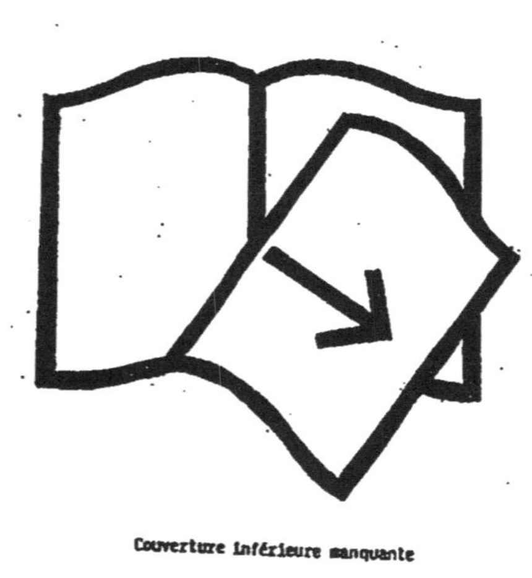

Couverture inférieure manquante

CIENCE ET RELIGION
Etudes pour le temps présent

DIEU

PRINCIPE DE LA LOI MORALE

PAR

Pierre VALLET, P. S. S.

Professeur d'Ecriture Sainte
au Grand Séminaire de Clermont

PARIS
LIBRAIRIE BLOUD ET BARRAL
4, RUE MADAME ET RUE DE RENNES, 59
1900

SCIENCE ET RELIGION

Études pour le temps présent. — Prix : 0 fr. 60 le vol.

— **Certitudes scientifiques et certitudes philosophiques**, par le R. P. DE LA BARRE, S. J., prof. à l'Institut catholique de Paris. 1 vol.
— *Du même auteur :* **L'Ordre de la nature et le Miracle.** 1 vol.
— **L'Ame de l'homme**, par J. GUIBERT, supérieur du séminaire de l'Institut catholique de Paris. 1 vol.
— **Faut-il une religion ?** par l'abbé GUYOT. 1 vol.
— *Du même auteur :* **Pourquoi y a-t-il des hommes qui ne professent aucune religion ?** 1 vol.
— **Nécessité scientifique de l'existence de Dieu**, par P. COURBET. 1 vol.
— *Du même auteur :* **Jésus-Christ est Dieu.** 1 vol.
      id. **Convenance scientifique de l'Incarnation.** 1 vol.
— **Etudes sur la pluralité des mondes habités et le dogme de l'Incarnation**, par le R. P. ORTOLAN
  I. — *L'Epanouissement de la vie organique à travers les plaines de l'infini.* 1 vol.
  II. — *Soleils et terres célestes.* 1 vol.
  III. — *Les Humanités astrales et l'Incarnation.* 1 vol.
— *Du même auteur :* **La Fausse Science contemporaine et les Mystères d'Outre-tombe.** 1 vol.
      id. **Vie et Matière ou Matérialisme et spiritualisme en présence de la Cristallogénie.** 1 vol.
      id. **Matérialistes et Musiciens.** 1 vol.
— **L'Au delà ou la Vie future d'après la foi et la science**, par l'abbé J. LAXENAIRE. 1 vol.
— **Le Mystère de l'Eucharistie. — Aperçu scientifique.** par l'abbé CONSTANT. 1 vol.
— *Du même auteur :* **Le Mal**, sa nature, son origine, sa réparation. 1 vol.
— **L'Eglise catholique et les Protestants**, par G ROVAIN. 1 vol.
— *Du même auteur :* **L'Inquisition**, son rôle religieux, politique et social. 1 vol.
— **Mahomet et son œuvre**, par I. L. GONDAL, professeur d'apologétique et d'histoire au séminaire Saint-Sulpice. 1 vol.
— *Du même auteur :* **L'Eglise Russe** 1 vol.
— **Christianisme et Bouddhisme** (*Etudes orientales*), par l'abbé THOMAS, vicaire général de Verdun. 2 vol.
— *Du même auteur :* **Dieu auteur de la vie.** 1 vol.
      id. **La Fin du monde d'après la Foi.** 1 vol.
— **Où en est l'hypnotisme**, son histoire, sa nature et ses dangers, par A. JEANNIARD DU DOT, auteur du *Spiritisme dévoilé.* 1 vol.
— *Du même auteur :* **Où en est le Spiritisme.** 1 vol.
      id. **L'Hypnotisme et la science catholique.** 1 vol.
      id. **L'Hypnotisme transcendant en face de la philosophie chrétienne.** 1 vol

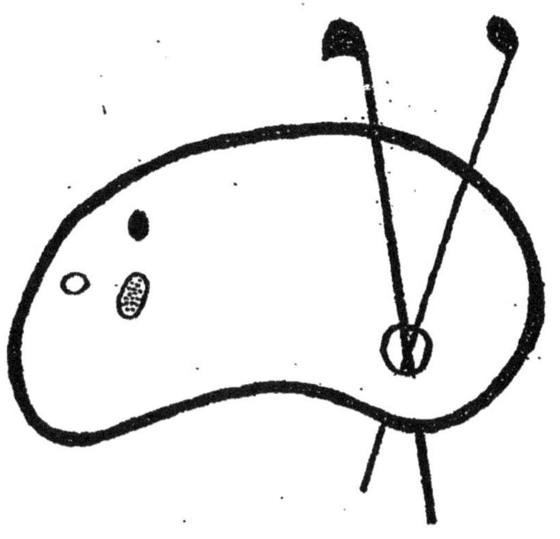

FIN D'UNE SERIE DE DOCUMENTS
EN COULEUR

DIEU

PRINCIPE DE LA LOI MORALE

PAR

Pierre VALLET, P. S. S.

Professeur d'Ecriture Sainte
au Grand Séminaire de Clermont

PARIS

LIBRAIRIE BLOUD ET BARRAL

4, RUE MADAME ET RUE DE RENNES, 59

1900

Permis d'imprimer

Clermont, le 28 novembre 1899.

† PIERRE-MARIE
Evêque de Clermont

DIEU
PRINCIPE DE LA LOI MORALE

PRÉLIMINAIRES

La loi morale est en possession d'une admiration universelle. Les penseurs des partis les plus opposés la célèbrent à l'envi.

Eccutez Kant, qui a tant calomnié la raison *pure* ou *spéculative*. « Deux choses remplissent l'âme d'une admiration et d'un respect toujours renaissants et qui s'accroissent à mesure que la pensée y revient plus souvent et s'y applique davantage : *Le ciel étoilé au-dessus de nous, la loi morale au-dedans.*

« Dans l'une, la vue d'une multitude innombrable de mondes anéantit presque mon importance, en tant que je me considère comme une créature *animale*, qui, après avoir joui de la vie pendant un court espace de temps, doit rendre la matière dont elle est formée à la planète qu'elle habite, et qui n'est elle-même qu'un point dans l'univers. L'autre, au contraire, relève infiniment ma valeur, comme *intelligence*, par ma *personnalité*, dans laquelle la loi morale me révèle une vie indépendante de l'animalité et même de tout le monde sensible, autant du moins qu'on en peut juger par la destination que cette loi assigne à mon existence, et qui, loin d'être bornée aux conditions et aux limites de cette vie, s'étend à l'infini (1). »

Les positivistes trouvent pour exalter la loi morale des accents aussi émus, aussi élevés. « La fin *dernière* de l'*éducation*, dit Huxley après Mill, est de favoriser la moralité et le perfectionnement, en apprenant aux hommes à se discipliner, en les amenant à comprendre qu'on atteint la plus haute et la seule vraie satisfaction, non pas en se traînant avec la foule, en glissant sur les pentes de la sensualité, mais en s'efforçant de gravir les sommets où la raison plane dans un calme éternel et discerne l'indéfinissable mais radieux idéal du bien suprême : colonne de nuée pendant le jour, et de feu pendant la nuit » (2). Tyndal et Georges Elliot tiennent le même langage. Tant il est vrai que la loi morale a une irrésistible beauté, qu'elle s'impose à nous invinciblement, qu'elle tient aux entrailles mêmes de l'être humain !

Cependant les philosophes sont loin de s'entendre sur la nature et le fondement de l'idée du bien. Plusieurs même, après l'avoir placée très haut, posent des principes qui la sapent par la base.

Essayons d'en donner une notion exacte et de montrer qu'elle trouve en Dieu seul sa raison d'être et sa vertu.

(1) *Crit. de la raison pratique*, conclusion.
(2) Cité par Mallock : *Vivre* : La vie en vaut-elle la peine ? Ch. II.

CHAPITRE PREMIER

NATURE DE LA LOI MORALE

I. — *La loi morale est universelle.*

La distinction du bien et du mal se trouve chez tous les peuples. Les lois la supposent et la consacrent.

Elle se trouve pareillement chez tous les êtres doués de raison. L'homme n'a pas besoin de sortir de lui-même et d'interroger ses semblables pour la découvrir ; il lui suffit de regarder au-dedans de lui et d'interroger sa conscience. « *Le ciel étoilé au-dessus de nous, la loi morale au dedans.* Je n'ai pas besoin de les chercher et de les deviner (ces deux choses) comme si elles étaient enveloppées de nuages ou placées au delà de mon horizon dans une région inaccessible, je les vois devant moi et je les rattache immédiatement à la conscience de mon existence (1). »

Nous trouvons dans notre âme une loi primordiale, gravée en traits ineffaçables par l'auteur de la nature. On l'appelle loi *naturelle*, par opposition aux lois *écrites* qu'édicte le législateur et que la raison individuelle ne suffit pas à découvrir (2).

(1) Kant, *Op. et loc. cit.*

(2) « Est hæc non scripta, sed nata lex, quam non didicimus, accepimus, legimus ; verum ex natura ipsa arripuimus, hausimus, expressimus ; ad quam non docti, sed facti, non instituti, sed imbuti sumus ». (Cicéron, pro Milone, c. iv).

Cette loi est la même chez tous, chez l'ignorant comme chez le savant, au moins dans ses *principales* prescriptions. Plus ou moins clairement tous les hommes les comprennent : elles ne relèvent pas du raisonnement, la première vue de l'esprit les découvre sans effort.

Il en est autrement des *conclusions éloignées* qui découlent des premiers principes de la loi naturelle ; dans certains cas exceptionnels elles peuvent n'être pas applicables, et comme elles demandent une certaine pénétration pour être aperçues, elles peuvent être ignorées d'un certain nombre. D'ailleurs, les passions et une éducation vicieuse viennent plus d'une fois les obscurcir ou les effacer du cœur humain (1).

Saint Augustin remarque de son côté que c'est la main du Créateur qui a écrit au cœur de l'homme le précepte fameux : *Quod tibi non vis fieri, ne facias alteri*, avec plusieurs des applications qu'il

(1) « *Omnis* creatura rationalis ipsam (legem æternam) cognoscit, secundum aliquam ejus irradiationem vel majorem, vel minorem. Veritatem enim omnes aliqualiter cognoscunt, ad minus quantum ad principia *communia* legis naturalis ; in aliis vero quidam plus et quidam minus participant de cognitione veritatis. » (1ª 2æ, q. xciii, a. 2, c.). « Lex naturæ, quantum ad *prima principia communia*, est eadem apud omnes et secundum rectitudinem, et secundum notitiam. Sed quantum ad quædam *propria*, quæ sunt quasi conclusiones principiorum communium, est *eadem* apud omnes ut in pluribus, et secundum rectitudinem et secundum notitiam ; sed ut in paucioribus potest deficere... propter hoc quod aliqui habent depravatam rationem ex passione, seu ex mala consuetudine, seu ex mala habitudine naturæ, sicut apud Germanos olim latrocinium non reputabatur iniquum » (quando extra fines civitatis fiebat, ait J. Cæsar) » (*Ibid.*, a. 4, c.). — « Quantum ad illa principia *communia*, lex naturalis *nullo modo potest a cordibus hominum deleri in universali* ; deletur tamen in *particulari* operabili, secundum quod ratio impeditur applicare commune principium ad particulare operabile, propter concupiscentiam, vel aliquam aliam passionem... quantum vero ad alia secundaria præcepta, potest lex naturalis deleri de cordibus hominum, vel propter malas persuasiones (eo modo quo etiam in speculativis errores contingunt circa conclusiones necessarias) vel etiam propter pravas consuetudines. » (*Ibid.*, a. 6, c.).

comporte naturellement ; et que si une loi *positive*
est venue le rappeler aux hommes, ce n'était pas
qu'il ne fût écrit déjà au dedans de leur âme, mais
bien que, trop enclins aux choses du dehors, ils
étaient portés à ne pas faire assez attention aux
choses du dedans (1).

On *objecte* certaines coutumes de plusieurs peuples
anciens ou même modernes, et qui semblent en dé-
saccord avec les préceptes du droit naturel. Mais lors
même que quelques peuples auraient méconnu dans
leur vie certains principes de la loi morale, il ne
s'en suivrait pas qu'ils les eussent ignorés ; n'ar-
rive-t il pas tous les jours que la pratique dément la
croyance ?

Au reste, les défaillances qu'on a relevées supposent le plus souvent une interprétation peu sûre
des principes, dans certains cas difficiles ; mais non
pas l'ignorance des principes eux-mêmes. Deux
exemples des plus frappants viennent à l'appui de
notre explication.

(1) « Nam Formatoris nostri in ipsis cordibus nostris veritas
scripsit : *quod tibi non vis fieri ne facias alteri*. Hoc et antequam lex daretur, *nemo ignorare permissus est*, ut esset unde
judicarentur et quibus Lex non esset data. — Sed quia homines
appetentes ea quæ foris sunt, etiam a seipsis exules facti sunt,
data est etiam conscripta lex : non quia in cordibus scripta
non erat, sed quia tu fugitivus eras cordis tui, ab illo qui ubi-
que est comprehenderis et ad te ipsum intro revocaris... Prop-
terea scripta lex quid clamat eis qui deseruerunt legem scriptam
in cordibus suis? *Redite, prævaricatores ad cor*. Quis enim te
docuit nolle accedi ab altero ad conjugem tuam? quis te
docuit nolle tibi furtum fieri? quis te docuit nolle injuriam
pati ? et quidquid aliud vel universaliter vel particulariter dici
potest ?... Age, si non vis pati ista, numquid solus es homo ?
Nonne in societate vivis generis humani ?... Quod ergo tibi non
vis fieri, noli alteri facere... Furtum bonum est ? Non. Inter-
rogo : adulterium bonum est ? *Omnes clamant* : Non. Homicidium bonum est ? Omnes clamant detestari se. *Concupiscere*
rem proximi bonum est ? Non, vox omnium est. Aut si adhuc
non confiteris, accedit qui concupiscat rem tuam : placeat tibi
et responde quod vis. Omnes ergo de his rebus interrogati,
clamant hæc bona non esse. » (*Enarr. in Psalm.*, ps. LVII,
enarr. 7.)

« On cite, dit M. Ferraz, l'exemple des Lacédémoniens, chez lequels il était permis aux jeunes gens
de voler et qui étaient même sévèrement punis s'ils
ne se montraient pas adroits voleurs... Mais, d'abord,
les Lacédémoniens ne permettaient pas de voler
toutes choses indistinctement, mais seulement des
comestibles ; ensuite, ils n'accordaient pas cette per-
mission à tous les citoyens quels qu'ils fussent, mais
seulement aux jeunes gens ; enfin ils ne l'accordaient
pas sans condition ; ils tenaient à ce que le larcin
fût commis avec beaucoup de finesse, et punissaient
ceux qui étaient assez maladroits pour se laisser sur-
prendre. Cet usage singulier avait été imaginé dans
cette république essentiellement belliqueuse, et qui
formait comme un camp retranché au milieu de la
Grèce, pour donner aux jeunes gens un esprit in-
ventif, fécond en ressources, et les habituer aux
ruses de la guerre. »

« On cite (encore) les Massagètes dans l'antiquité,
d'autres peuplades dans les temps modernes, chez
lesquelles les enfants tuaient leurs propres parents
et croyaient, en agissant ainsi, non pas commettre un
crime, mais accomplir un devoir. Comment, s'écrie-
t-on, comment croire, après de telles énormités, à
l'*universalité* des principes de la morale? — Si
nous examinons les faits avec attention, nous verrons
qu'ils ne portent pas à l'universalité de ces principes
la moindre atteinte. Pourquoi les tribus dont on parle
faisaient-elles périr les vieillards ? Parce qu'elles
soutenaient contre d'autres tribus une guerre d'ex-
termination, et que ces vieillards ne pouvant suivre
dans leur fuite les hommes valides, étaient sûrs de
tomber entre les mains de leurs ennemis et de périr
au milieu des supplices les plus raffinés et des tor-
tures les plus atroces. C'était donc en s'inspirant du
principe qui nous ordonne de procurer le plus grand
bien de nos parents que les hommes dont il est ques-

tion faisaient mourir les leurs. Par conséquent leur conduite, bien loin d'infirmer l'universalité de ce principe, en est l'éclatante confirmation (1). »

II. — *La loi morale est absolue.*

On connaît la boutade de Pascal : « On ne voit presque rien d'injuste ou de juste qui ne change de qualité en changeant de climat. Trois degrés d'élévation du pôle renversent toute la jurisprudence. Un méridien décide de la vérité ; en peu d'années de possession les lois fondamentales changent ; le droit a ses époques. »

Pascal a commis la faute de confondre « là jurisprudence » avec la « loi morale », les mobiles décrets des législateurs civils avec les immuables principes édictés par le Créateur.

Occam, Duns Scot, Gerson, Puffendorf et quelques autres philosophes ont fait dépendre le bien du seul bon plaisir de Dieu et l'ont rattaché à la *volonté* seule, au lieu de le rapporter à la raison et à l'essence des choses. « La puissance divine, dit Scot, s'élève au-dessus de toutes les lois, et ces lois dépendent de la volonté divine, non pas même de l'entendement divin. Lorsque l'intelligence de Dieu présente à sa volonté une règle, cette règle est droite, juste et bonne, s'il plaît à sa volonté qu'elle le soit. Lui convient-il de changer la loi qu'il a établie ? il communique à la loi nouvelle, *par son seul décret*, toute la rectitude de la première. *La justice, la loi, c'est ce qui plaît à Dieu* (2). » — Gerson tient absolument le même langage : « Dieu ne veut pas certaines actions parce qu'elles sont bonnes, mais elles sont bonnes parce qu'il les veut,

(1) *Philosophie du Devoir*, l. III, ch. v.
(2) *In I Sent.*, dist. 44, q. 1. — Scot excepte cependant (*in III Sent.* dist. 37, q. 1) les deux premiers préceptes du Décalogue dont il veut bien reconnaître le caractère de nécessité.

de même que d'autres sont mauvaises parce qu'il les défend (1) ».

Descartes devait généraliser plus tard cette doctrine funeste, et faire dépendre *toutes* choses, sans exception, de la seule volonté de Dieu (2).

Qu'il dépende du bon plaisir de Dieu ou du bon plaisir des hommes, le bien devient *arbitraire* et relatif. Le *relativisme* porte également atteinte à la morale et à la raison humaine.

Il renverse une distinction universellement reconnue et d'une haute importance ; la distinction entre le droit *naturel* et le droit *positif*. Le premier repose sur l'essence des choses ; le second dépend de la libre volonté du législateur. Or, dans le système de nos adversaires, il n'y a plus de droit naturel, il ne reste plus que le droit positif (3).

D'où cette conséquence, que rien n'étant bien, rien n'étant mal en soi, on pourrait, suivant les circonstances, se dispenser de n'importe quel principe de morale : tout dépendra des avantages et des inconvénients pratiques, et le fameux précepte : *Lex positiva non obligat cum tanto incommodo*, deviendra une maxime universelle, devant laquelle tont commandement cédera tour à tour.

D'ailleurs le relativisme s'appuie sur ce principe erroné que la volonté divine ou humaine, fait à elle

---

(1) Opp. t. III, p. 13 et 26 ; édit. d'Anvers 1706 ; et opp. t I, p. 147.

(2) « Vous me demandez, in quo genere causæ Deus disposuit æternas veritates ; je vous réponds que c'est in eodem genere causæ qu'il a créé toutes choses, c'est-à-dire ut efficiens et *totalis* causa... Vous me demandez aussi qui a nécessité Dieu à créer ces vérités, et je dis qu'il a été aussi libre qu'il ne fut pas vrai que toutes lignes tirées du centre de la conférence fussent égales, comme de ne pas créer le monde. » (Lettre 45e, 48e, 71e ; *Rép.* aux 6es object. n. 2).

(3) « Cum sit duplex jus, dit saint Thomas, scilicet naturale et positivum, naturali repugnat quod secundum se est malum, positivo autem repugnat quod est malum, quia prohibitum. » (*Comment.* in 1am *ad Timoth*, c. 1, lect. 3a.

seule toute la distinction du vrai et du faux, du bien
et du mal.

Sans doute, dans nombre de cas, la volonté du législateur divin, ecclésiastique ou civil, suffit à porter un commandement, à déterminer une obligation.
Bona vel mala, quia præcepta vel prohibita. Et
cependant, même alors, on désire que la volonté
s'inspire de la raison, repose sur un motif suffisant,
intrinsèque ou extrinsèque.

Mais, en thèse générale, le vrai et le faux, le bien
le mal ne dépendent pas du simple décret de la volonté, ils reposent sur la nature des choses. Saint
Thomas regarde avec raison comme tout à fait fausse,
l'opinion qui essaie de tout expliquer par la volonté
divine (1).

Ma *raison* ne saurait attribuer un caractère relatif
et provisoire aux principes de la *métaphysique* et
des *mathématiques ;* ils ont une valeur universelle
et absolue, rien ne pourra jamais prévaloir contre
eux ; bien plus, leur contraire est *inconcevable.* Es-
sayez de concevoir que le cercle ne soit pas rond,
que le tout ne soit pas plus grand que chacune de
ses parties, que ce qui commence n'ait point de
cause, que ce qui est ne soit pas.

De même, ma *conscience* se révolte à cette pensée
que le bien pourrait cesser d'être obligatoire et le
mal être permis, qu'on pourrait se dispenser d'adorer
et d'aimer Dieu, d'honorer ses parents, de respecter
le prochain, etc. Et pour quelle raison en serait-il
ainsi, sinon parce que cela est raisonnable, nécessaire, immuable ?

______

(1) « Per prædicta excluditur error dicentium omnia proce-
dere a Deo, secundum simplicem voluntatem, ut de nullo opor-
teat rationem reddere, nisi quia Deus vult. Quod etiam divinæ
Scripturæ contrariatur, quæ Deum perhibet secundum ordinem
sapientiæ suæ omnia fecisse, secundum illud Psalm. CIII : « Omnia in sapientia fecisti. » (*Sum. contra Gent.*, l. I, c. LXXXVII;
cf. I. II, c. XXIV.)

Mais à la suite de saint Thomas, entrons davantage au fond de la question.

Et d'abord, observe le saint Docteur, il est *nécessaire* que l'homme soit subordonné à Dieu, et que dans l'homme tout soit subordonné à la raison. Car il est dans l'ordre que l'inférieur soit soumis au supérieur. Voilà une première catégorie de préceptes qui appartiennent à la loi naturelle.

Ensuite, il est naturel à l'homme de vivre en société, l'instinct social répond en lui à des besoins impérieux. Mais la société ne saurait subsister sans quelques bases indispensables à son être social : par exemple, une autorité légitime, le droit de propriété, le respect mutuel.

Seconde catégorie de préceptes *naturels, absolus.*

C'est encore la nature qui a fait le corps pour l'âme, la partie inférieure pour la partie supérieure, la sensibilité pour la raison. Tout acte contraire à cet ordre inviolable sera donc essentiellement désordonné, immoral.

Ajoutez que Dieu, en créant l'homme, n'a pu moins faire que de lui assigner une fin sortable à sa nature, et cette fin ne peut être que Dieu lui-même.

Donc tout ce qui sera nécessaire pour atteindre cette fin, comme connaître et aimer Dieu, sera par là-même naturellement bon ; tout ce qui éloignerait l'homme de cette fin sera par là-même mauvais.

Autant de vérités morales qui appartiennent à l'essence des choses (1).

---

(1) « Ex præceptis legis divinæ, mens hominis ordinatur sub Deo, et omnia alia quæ sunt in homine, sub ratione. Hoc autem naturalis ordo requirit quod inferiora superioribus subdantur. Sunt igitur ea quæ lege divina præcipiuntur, secundum se *naturaliter* recta...Adhuc est homini naturale quod sit *animal sociale* ; quod ex hoc ostenditur quod unus homo solus non sufficit ad omnia quæ sunt humanæ vitæ necessaria. Ea igitur sine quibus societas humana conservari non potest sunt homini naturaliter convenientia. Hujusmodi autem sunt : unicuique

Le Docteur Angélique tient tellement à exclure *l'arbitraire* de la morale, à lui assurer pour base la raison, qu'il met celle-ci dans la définition de toutes les lois. D'après lui, la loi en général est un précepte de la raison : *Quædam rationis ordinatio* (1), la loi éternelle n'est pas autre chose que le plan de la sagesse divine suivant lequel elle dirige toutes les actions et tous les mouvements (2) ; « la loi naturelle est une *participation* de la loi éternelle dans la créature raisonnable (3) ».

La loi naturelle contient l'ensemble des prescriptions qui reposent sur l'essence des choses. Le *Décalogue* est le code éternel, immuable, où se trouvent écrites ces diverses prescriptions qui embrassent les principaux devoirs de l'homme envers Dieu et envers le prochain. De tels commandements sont

quod suum est conservare, et ab injuriis abstinere. Sunt igitur aliqua in humanis actibus *naturaliter* recta.

Item, secundum naturalem ordinem, corpus hominis est *propter* animam, et inferiores virtutes animæ *propter* rationem... Est igitur *naturaliter* rectum quod sic procuretur ab homine corpus et inferiores vires animæ, ut ex hoc et actus rationis et bonum ipsius minime impediatur, magis autem juvetur. Si autem secus accideret, erit naturaliter peccatum. Vinolentiæ igitur et comessationes et inordinatus venereorum usus, per quæ actus rationis impeditur, et subdi passionibus, quæ liberum judicium rationis esse non sinunt, sunt naturaliter mala.

Præterea, unicuique naturaliter conveniunt ea quibus tendit in suum finem naturalem ; quæ autem e contrario se habent sunt ei *naturaliter* inconvenientia. Ostensum est autem supra (c. 112) quod homo naturaliter ordinatur in Deum sicut in finem. Ea igitur quibus homo inducitur in cognitionem et amorem Dei sunt naturaliter recta ; quæcumque vero e contrario se habent sunt naturaliter homini mala. Patet igitur quod bonum et malum, in humanis actibus, non solum sunt secundum legis positionem, sed etiam secundum naturalem ordinem... Per hoc autem excluditur positio dicentium quod justa et recta sunt secundum legem posita. » (*Contra Gent.*, l. III, c. 129.)

(1) 1a 2æ, q. xc. a, 4, c.

(2) « Sicut ratio divinae sapientiæ, in quantum per ea cuncta sunt creata, rationem habet *artis*, vel *exemplaris*, vel *ideæ*, ita ratio divinæ sapientiæ moventis omnia ad debitum finem obtinet rationem legis. » (*Ib.*, q. xcxiii, a. 1, c).

(3) « Participatio legis æternæ in rationali creatura lex naturalis dicitur. » (*Ib.*, q. xcxi, a. 2. c.).

nécessaires, absolus ; ils concernent le bien univer-
sel et la fin même du législateur ; il n'y a aucune
raison légitime qui puisse permettre d'en obtenir la
dispense, et Dieu lui-même ne saurait accorder à
personne de se soustraire à ces devoirs essentiels de
l'éternelle justice (1).

III. — *La loi morale ne repose pas sur le sentiment.*

Les Écossais et certains positivistes professent que
l'idée du bien relève du sentiment et non pas de la
raison. Si vous en croyez Smith, on appelle bien ce
qui excite la sympathie, et mal ce qui provoque l'antipathie.

Pour Littré, Taine et Spencer, la *psychologie*
n'est qu'une extension de la *biologie*, et le sens moral une évolution progressive des sens internes. « Le
procédé qui produit les phénomènes moraux, assure
Littré, est analogue à celui qui produit les phénomènes intellectuels ; des deux parts il y a un apport
sur lequel l'esprit travaille... cet apport est l'œuvre
des sens externes, pour les phénomènes intellectuels
ou idées ; il est l'œuvre des sensations internes,
pour les phénomènes moraux ou sentiments. Dans
les deux cas le cerveau est un organe élabora-
teur (2). »

(1) « Præcepta Decalogi continent ipsam *intentionem* legisla-
toris, scilicet Dei. Nam præcepta primæ tabulæ quæ ordinant
ad Deum, continent ipsum ordinem ad bonum *commune*, quod
Deus est. Præcepta autem secundæ tabulæ continent ordinem
justitiæ inter homines observandæ, ut sc. nulli fiat indebitum,
et cuilibet reddatur debitum... Et ideo præcepta Decalogi sunt
omnino *indispensabilia* » (1ª 2æ, q. C. a. 8, c.). — « In hoc
Deus dispensare non potest, ut Domini liceat non ordinate se
habere ad Deum, vel non subdi ordini justitiæ, etiam in his secundum quæ homines ad invicem ordinantur. » (*Ib.*, ad. 2). —
« Homicidium et falsitas sunt *secundum se horribilia*, quia
proximus et veritas naturaliter amantur. » (*Ibid.* a. 5,
ad 5).

(2) *Revue positive*, janvier 1870. Cf. Taine, *Hist. de la litté-
rat. anglaise*, introd. p. 31.

D'après Spencer, l'animal lui-même, bien que plus égoïste que l'homme, est cependant capable de sympathie et d'*altruisme*, et si nous pouvons nous élever plus haut que l'animal, c'est grâce à l'instinct de sociabilité, plus développé chez nous que chez lui. La particularité très sensible au point de départ fait place à la généralité croissante de l'instinct qui s'étend par degrés de la famille à la tribu, de la tribu à la patrie, à la race, à l'humanité. Mais en acquérant ce caractère de généralité, le phénomène n'a pas perdu sa nature ; il reste ce qu'il était à l'origine.

Sur ce point, nous sommes tout à fait de l'avis du Philosophe de Kœnigsberg. Il estime qu'en appeler au sentiment, au lieu de recourir aux lumières de la raison, quand il s'agit du fondement de la morale, c'est faire preuve « de faiblesse d'esprit ».

En effet, en vertu de quelle raison recourrait-on au sentiment pour savoir si une chose est bonne ou mauvaise ? Est-il d'ordinaire interrogé et consulté quand il s'agit de distinguer le vrai du faux, la certitude de l'erreur ? Le bien n'a-t-il, au même titre que le vrai, des caractères propres qui permettent de le reconnaître et de le distinguer du mal ? Ou bien la raison, dont on admet la valeur en face de la vérité, perdrait-elle toute compétence en face de l'honnête et du juste ?

Non, sans doute, je ne saurais demeurer insensible en présence d'un acte héroïque ou d'un crime. Je suis transporté d'admiration ou saisi d'horreur. Mais ce sentiment m'empêche-t-il de saisir du premier regard de l'esprit ce qu'il y a de noble dans un cas et d'odieux dans l'autre ? Et cette vivacité du sentiment, de la sympathie ou de l'antipathie, n'est-elle pas un *effet*, au lieu d'être une *cause* ?

Certains auteurs, d'ailleurs très bien intentionnés, ont cru relever le bien en lui donnant pour unique juge le sentiment. L'approbation empressée des positivistes n'a que trop montré qu'ils faisaient fausse route.

Qu'est-ce que le sentiment, sinon une émotion ? Or, qui voudra soutenir qu'une émotion par elle-même soit une lumière ? Un enfant, un ignorant n'est-il pas capable d'émotion aussi bien que le savant, que le philosophe, que le théologien ? Pour savoir si tel acte est juste ou injuste, suffira-t-il de mettre la main sur le cœur de l'enfant, de l'ignorant, qui aura été témoin de cet acte? Mais alors la morale devient une science singulièrement facile, et l'on n'a que faire des profondes réflexions du penseur, des patientes études du savant, de la longue expérience du vieillard.

Prendre le sentiment pour juge suprême, en matière de morale, c'est-à-dire dans la matière la plus délicate et qui demande le plus de sang-froid, et où les passions ont tant d'intérêt à obtenir une sentence favorable, c'est exposer les mœurs aux plus grands périls. D'ordinaire, un bon juge n'est pas celui qui est le plus ému, mais au contraire celui qui se possède le mieux et qui consulte sa raison plutôt que son cœur.

La morale, autant sinon plus que toute autre science, a besoin de principes arrêtés, universels, immuables. Le sentiment ne saurait fournir de tels principes. Par son essence, il est chose *subjective, relative* et *variable*. Placez plusieurs personnes en présence d'un même acte : leurs émotions seront bien différentes, suivant qu'elles seront plus ou moins directement intéressées. Tout le monde blâme l'homicide et le vol. Mais croyez-vous que notre impression sera la même, si la personne tuée ou volée est pour vous une inconnue, et pour moi une amie ? — Le sentiment tient souvent à des circonstances subjectives et accessoires, assez étrangères à la moralité absolue de l'acte dont on est témoin. Bien plus, le tempérament, l'organisme, l'âge lui-même a une assez grande part dans nos affections. L'enfant, le jeune homme, la femme ressentent des émotions bien plus vives que l'homme ; sont-ils meilleurs juges que lui du devoir et du droit ?

L'homme le moins impressionnable n'est pas absolument à l'abri des variations du sentiment ; le même acte, en des temps différents, ne produit pas en lui le même effet ; l'habitude, sans rien changer à sa manière de voir, modifie beaucoup sa manière de sentir.

Veut-on qu'il y ait autant de morales que d'individus, et que, pour la même personne, l'honnête change avec les années et les jours, et dépende des mille impressions contraires qui l'agitent tour à tour et en font un être essentiellement contingent, mobile, ondoyant et divers ?

Rien de plus vrai que le jugement porté par Royer-Collard sur le sujet qui nous occupe.

« Que la morale soit toute dans le sentiment, rien n'est bien, rien n'est mal en soi : le bien et le mal sont relatifs : les qualités des actions humaines sont précisément telles que chacun les sent : la même action est à la fois bonne, indifférente et mauvaise, selon l'affection du spectateur. Faites taire le sentiment, les actions ne sont que des phénomènes physiques : l'obligation se résout dans les penchants, la vertu dans le plaisir et l'honnête dans l'utile. C'est la morale d'Épicure (1). »

Ces dernières paroles s'appliquent tout particulièrement à la théorie du sentiment, telle que Littré, Taine et Spencer nous la proposent.

Elle n'a pas d'autre base que le matérialisme ; elle ne s'accorde ni avec l'histoire, ni avec la conscience ni avec la raison. L'histoire n'établit pas que l'homme se soit d'abord confondu avec l'animal, et qu'à l'origine il n'ait pas connu d'autre loi que celle de l'égoïsme brutal.

____

(1) *Œuvres de Th. Reid*, t. III, p. 410, 411.

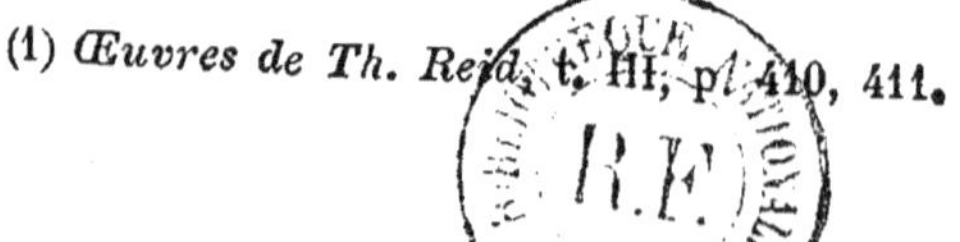

2

D'un autre côté, quand je suis témoin d'une mauvaise action, ce qui est froissé en moi ce n'est point l'instinct de *sociabilité*, c'est un sentiment d'un autre ordre, infiniment plus délicat et plus profond, c'est le sentiment de l'*honnête*.

Sans doute, il est des actes contraires au bien social, et qu'à ce titre la société doit proscrire. Mais il en est d'autres que ma conscience déclare bons ou mauvais *en eux-mêmes*, indépendamment des conséquences qu'ils peuvent entraîner au point de vue social et sans rechercher quelle impression favorable ou défavorable ils pourraient faire sur les hommes.

IV. — *La loi morale se distingue essentiellement de l'utilité.*

Bain et Spencer, précédés de Bentham et suivis de la plupart des positivistes, expliquent ainsi l'origine et la nature de l'idée du bien. Spencer admet trois sortes de sentiments : les sentiments *égoïstes*, les sentiments *égo-altruistes*, et les sentiments purement *altruistes*. Les sentiments de la première et de la seconde catégorie se trouvent chez l'animal et chez l'enfant, ceux de la troisième appartiennent en propre à l'homme, surtout à l'homme cultivé et civilisé.

Par l'égoïsme, l'individu ne considère que lui seul ; l'égo-altruisme, comme le mot l'indique, est un mélange d'égoïsme et d'altruisme ; l'altruisme pur est une sorte d'oubli de soi-même et de dévouement pour les autres. « Par une évolution lente et progressive, l'homme s'élève successivement des premiers sentiments aux seconds et des seconds aux troisièmes. Ils sont d'autant plus parfaits qu'ils sont davantage *représentatifs*. La conscience du juste et de l'injuste, telle qu'elle existe chez les hommes non civilisés ou à demi-civilisés, et même en une grande proportion chez les hommes de notre âge les plus civilisés de tous, prend son origine dans les sentiments égo-altruistes. »

A cette période, la morale est variable et locale ; elle renferme des idées variables du juste et de l'injuste. Mais « les sentiments altruistes s'ajustent aux modes de conduite qui sont avantageux d'une manière *permanente*, parce qu'ils se conforment aux conditions requises pour la plus haute prospérité des individus dans l'état de société (1) ».

Huxley est peut-être plus précis encore. « On peut, dit-il, distinguer deux sortes de morale : la morale *sociale* et la morale *personnelle* ou *individuelle*. La première a pour critérium le *bonheur* de la société ; la seconde se rapporte au *bonheur* de l'individu. Mais comme l'individu est pour la société, le bien social devient le véritable objet de la morale. Donc tout se réduit à cette règle : Etant donnée une certaine société d'êtres humains placée en des circonstances déterminées, on demande à savoir si une action particulière d'un de ses membres tendra à accroître ou non le bonheur général... qu'on nous montre que le vol, le meurtre ou l'adultère, ne tendent pas à diminuer le bonheur de la société, alors on n'y verra pas des immoralités sociales (2). »

En résumé, les actions sont déclarées bonnes ou mauvaises selon qu'elles tendent à développer le bonheur de tous ou à le contrarier : il n'y a de bien que ce qui favorise cette tendance, et de mal que ce qui lui fait obstacle. La vertu pouvant contribuer à l'utilité sociale, garde, à ce titre seulement, sa place dans la morale nouvelle.

Malgré ces amendements qui lui donnent un air de

_____

(1) *Principes de Psychologie*, t. II, 8ᵉ part., ch. VIII.
(2) Cité par Mallock, *op. cit.*, ch. II. Cf. *Mill. Utilitarisme ou théorie du bonheur.*

grandeur, la théorie utilitaire soulève les objections les plus graves. Je dois procurer le plus grand bien de tous, n'avoir en vue que les intérêts de ma famille, de ma patrie, du genre humain. Voilà, certes, une bien noble tâche, mais comment la remplir? quoi! souvent j'ignore quel est mon plus grand intérêt dans le moment présent, et l'on veut que je connaisse encore celui de l'avenir, celui de mon pays, celui de tout le monde! La morale est à ce prix! Mais alors qui donc sera sûr de remplir son devoir? (1).

Ensuite, vous ordonnez à l'individu de n'avoir d'autre souci que celui du bien général. Au nom de qui? En vertu de quelle raison? Est-ce parce que le bonheur général ne peut manquer de tourner au bien individuel? Mais alors nous retombons dans l'égoïsme. Et pourquoi ne serais-je pas libre de chercher mon intérêt comme je l'entends?

Voulez-vous que l'individu sacrifie absolument son intérêt à l'intérêt de la communauté? Mais en vertu de quel droit pouvez-vous l'y contraindre? Oui, le bien général est plus noble que le bien particulier, oui, en certaines circonstances, il faut que le second soit sacrifié au premier. Cependant l'individu est une *fin* et non un simple *moyen*, une *personne* et non une *chose*; il a droit de s'occuper de son bien *propre* et de chercher les meilleurs moyens de l'atteindre, il n'appartient pas tout entier à la communauté ou à l'Etat, comme l'observe fort justement le Docteur Angélique : *Homo non ordinatur ad communitatem secundum se totum*, et *secundum omnia sua* (2). Au nom du droit de propriété et de la dignité personnelle, nous repoussons de toutes nos forces cette doctrine renouvelée du paganisme, et qu'on appelle la *Statolatrie*, l'idolâtrie de l'Etat.

(1) Cf. Cousin, *Le vrai, le beau et le bien*, 13e leçon.
(2) 1a 2æ, q. xxi, a. 4, ad 3.

Remarquez une autre conséquence de cette opinion. Si le bien est le plus grand intérêt de la communauté, la morale *privée* disparaît, il ne reste plus que la morale publique ou sociale. Que deviennent, dans cette hypothèse, les devoirs de l'homme envers Dieu et envers soi-même, c'est-à-dire les devoirs les plus sacrés et les plus nombreux ? Que faites-vous de toutes les vertus solitaires et intimes connues de Dieu seul et de la conscience ?

Vous supposez encore que l'utilité sociale s'accorde toujours avec l'honnêteté ; mais cette supposition est-elle absolument légitime si l'utilité doit s'entendre de l'utilité temporelle et matérielle ? Non, assurément, car il pourrait arriver que certains moyens eussent une efficacité plus directe pour augmenter la puissance ou la fortune d'un Etat, et ne fussent pourtant pas absolument justifiables (1). Les Etats et les individus qui s'enrichissent le plus vite ne sont pas toujours les plus honnêtes.

Enfin, et c'est là notre dernier grief contre le système que nous combattons, générale ou privée, l'utilité ne change pas pour cela de nature ; elle reste ce qu'elle est par définition, un *moyen* et non pas un *but*, tandis que le bien est une *fin* qui se suffit à elle-même. *L'utile ne servant à rien*, c'est une contradiction dans les termes, toute sa valeur lui vient de la fin à laquelle il conduit. Mais la vertu *inutile*, au point de vue matériel, se conçoit parfaitement. C'est la gloire du bien comme du beau de renfermer son éclat en lui-même, de porter avec lui son prix et sa valeur, et de s'imposer à l'admiration de tous,

____

(1) « Thémistocle propose aux Athéniens de brûler la flotte des alliés qui se trouvait dans le port d'Athènes et de s'assurer ainsi la suprématie. « Le projet est utile, dit Aristide, mais il est injuste », et sur cette simple parole les Athéniens renoncent à un avantage qu'il faut acheter par une injustice. » (Cousin, *Le vrai, le beau et le bien*, 12ᵉ leçon).

dût-il n'entraîner aucun avantage, dût-il imposer de
pénibles sacrifices.

Honestum id intelligimus, dit Cicéron, *quod
tale est, ut detracta omni utilitate, sine ullis præ-
miis fructibusve, per seipsum possit jure lau-
dari* (1).

Epicure avait loué la vertu comme un des moyens
d'arriver au plaisir, mais l'orateur romain réplique
en ces termes : « La raison regarde les vertus comme
maîtresses de toutes choses, et vous en faites les
satellites et les servantes de la volupté (2). »

En résumé, le bien comme le beau peut n'être pas
utile, et réciproquement ; et quand il est utile, c'est
sous un rapport différent. Ce sont là des notions que
la philosophie comme le sens commun doit continuer à distinguer avec soin.

Et l'Ecole a eu parfaitement raison quand, à la
suite de saint Thomas, envisageant le bien dans son
acception la plus générale, en tant qu'objet de l'ap-
pétit, elle l'a divisé en trois espèces différentes :
l'*utile,* le *délectable* et l'*honnête* (3). L'honnête est
quelquefois délectable et utile, mais assez souvent il
n'est ni l'un ni l'autre.

**V. — *La loi morale n'exclut pas absolument
l'utilité.***

A l'opposé des tenants de l'école positive, Kant

______

(1) *De Fin. bon. et mal* , l. II. c. XIV.

(2) *Ibid.,* c. XII. — Saint Thomas a très bien saisi la ressem-
blance de l'honnête avec le beau, et sa différence d'avec l'utile :
« *Honestum* dicitur, secundum quod aliquid habet quamdam
excellentiam dignam *honore,* propter spiritualem *pulchritudi-
nem ; delectabile* autem, in quantum quietat appetitum ; *utile*
autem, in quantum refertur *ad aliud.* » (*Ibid.,* a. 3, c.). —
« Honestum dicitur quod *propter se* appetitur appetitu rationali,
qui tendit in id quod est conveniens rationi. » (*Ibid.,* ad 1.) —
« Utilia dicuntur quæ non habent *in se* unde desiderentur,
sed desiderantur solum ut sunt ducentia in alterum, sicut
sumptio medicinæ amaræ. » (*Ibid.,* ad 2).

(3) 1a q. V, a. 6, c.

fait le devoir si haut et si austère qu'il place en lui l'*unique* motif de nos actions et en vient jusqu'à exclure tout autre motif, même *partiel*, d'utilité ou de plaisir, comme étranger, sinon hostile à la moralité. « Il n'y a que ce qui ne sert pas mon inclination, mais en triomphe, ou du moins l'exclut entièrement de la délibération qui puisse être un objet de respect. Il ne reste (donc) rien pour déterminer la volonté, sinon, objectivement, la *loi*, et subjectivement le *pur respect* pour cette loi pratique » (1).

Bien plus, pour que la morale soit entièrement pure, Kant veut qu'elle demeure enveloppée de ténèbres, et que la foi seule — une foi essentiellement obscure — nous assure de l'existence de Dieu et des sanctions de l'autre vie. Sans cela « la plupart de nos actions, extérieurement conformes à la loi, seraient dictées par la crainte... la conduite de l'homme dégénérerait en un pur mécanisme, où, comme dans un jeu de marionnettes, tout gesticulerait bien, mais où l'on chercherait en vain la vie sur ces figures (2) ».

Il nous semble que trop habitué aux spéculations abstraites, le philosophe allemand se fait une idée peu exacte de la nature humaine, telle que nous l'avons sous les yeux. Il croit que si nous avions l'entière certitude de l'existence de Dieu et de l'autre vie, des récompenses et des peines, nous serions nécessités à bien faire, la pensée de ces grands objets étant sans cesse présente à nos yeux. Hélas ! nous voyons tous les jours le contraire se produire. Il s'en faut bien que cette pensée demeure toujours devant notre regard, et que les promesses ou les menaces de l'autre vie, réservées à un avenir qui nous semble lointain, réduisent au silence les séductions

---

(1) *Métaphys. des mœurs*, 1ʳᵉ sect. et *crit. de la rais. pratique*, 1ʳᵉ part., l. I, ch. I et III.
(2) *Crit. de la rais. prat.*, l. II, ch. II, n. 9.

de la vie présente et nous imposent le bien par une sorte de contrainte.

Pour nous, notre inquiétude est bien différente de celle de Kant. En voyant combien l'homme, aux prises avec sa faiblesse et ses penchants, a de peine à demeurer fidèle au parti du devoir, malgré l'*absolue* certitude où il est de Dieu et de l'autre vie, nous ne pouvons nous empêcher de croire que, si cette lumière venait à s'obscurcir tout à coup, et que si le doute pouvait atteindre les principes fondamentaux sur lesquels repose la morale, cette dernière serait exposée d'avance à une ruine définitive. L'homme n'a pas trop de tous les moyens dont il dispose pour éviter le mal et faire le bien, il n'est pas si fort que vous le faites, gardez-vous de l'affaiblir davantage.

De même, Kant commet une exagération évidente et des plus funestes, en écartant de l'acte moral tout motif intéressé, fût-il *partiel* et *secondaire. Le devoir pour le devoir et pour lui seul,* non pas une fois, mais *toujours,* cela sans doute est grand et beau. Mais est-ce nécessaire? Est-ce humain? Est-ce possible?

On ne saurait trop recommander l'amour pur du bien et du devoir, fallût-il sacrifier à cet amour tous les avantages et tous les plaisirs du monde, même de la vie :

> Summum crede nefas vitam præferre pudori,
> Et propter vitam vivendi perdere causam.

Mais si, par quelque heureuse rencontre, mon intérêt s'accorde avec le bien, je devrai donc le regretter et me voiler la face?

Mon ardent amour pour le bien fait que j'éprouve du plaisir à le poursuivre et à l'atteindre. Ce plaisir est-il malsain? J'ai beau chercher, ma conscience n'a aucun scrupule et ne m'adresse sur ce point aucun reproche.

« Ce n'est certainement pas un avantage pour les vérités morales, observe justement Schiller, que d'avoir contre soi les sentiments que l'homme peut s'avouer sans rougir... Si, dans l'ordre moral, la nature sensible n'était jamais que le parti opprimé, et non un allié... comment pourrait-elle s'associer de toute l'ardeur de ses sentiments à un triomphe qui ne serait célébré que sur elle ? Comment pourrait-elle s'intéresser si vivement à la satisfaction du pur esprit, si, en fin de compte, elle ne pouvait se rattacher à ce pur esprit par un lien tellement étroit, qu'il n'est pas possible, même à l'analyse de l'intelligence, de l'en séparer sans violence ?... L'homme doit obéir à sa raison avec un sentiment de joie. Ce n'est pas pour la rejeter loin de lui comme un fardeau, ni pour s'en dépouiller comme d'une enveloppe trop grossière ; non, c'est pour l'unir, de l'union la plus intime, avec son moi, avec la partie la plus noble de son être, qu'une nature sensible a été associée en lui à sa nature purement spirituelle... (1). »

Soyez rigoureux envers la sensibilité quand la raison l'ordonne, quand le devoir l'exige, à la bonne heure ; mais lorsque, loin de se présenter en ennemie, elle vient en alliée, pourquoi la repoussez-vous ?

Non, la *crainte* n'est pas essentiellement mauvaise, et *l'espérance* n'est pas défendue. L'Ecriture regarde la crainte « comme le commencement de la sagesse : *Initium sapientiæ timor Domini,* et quand le sentier de la vertu nous paraît âpre, l'Eglise, interprète de l'Evangile, nous permet, nous ordonne même de regarder le ciel. »

Cette vue inspire aux bons une nouvelle ardeur, elle ranime les faibles et pousse les méchants à sortir de l'abîme. Voilà les services que l'intérêt personnel peut rendre à la cause du bien.

______

(1) *Esthétique, de la grâce et de la dignité de la grâce.*

Dans la condition présente de la nature humaine,
personne, observe saint Thomas, ne saurait demeurer longtemps sans quelque plaisir : si on lui interdit
même les plaisirs de l'ordre spirituel, il se tournera
vers les plaisirs des sens, et c'est tout ce que la morale y aura gagné (1).

Ne dites pas que, s'il en est ainsi, la vertu cesse
d'être voulue pour elle même, ce qui est contraire
à sa dignité. Comme l'enseigne saint Thomas, il
y a des choses que l'on désire pour elles-mêmes,
à cause de leur bonté intrinsèque, alors même qu'on
n'en devrait retirer aucun profit, et, cependant, on
peut les désirer aussi pour un autre bien, parce
qu'elles conduisent à quelque chose de plus parfait.
C'est de cette manière qu'il faut aimer la vertu pour
elle même, et cela suffit à la nature de l'honnête (2).

VI. — *Le bien, c'est ce qui est conforme à la raison et achemine l'homme vers sa fin dernière.*

« Pour tout être, dit excellemment saint Thomas,
le bien c'est ce qui est en harmonie avec sa nature ;
mais la nature de l'homme c'est d'être une créature
raisonnable. Ce qui s'accorde avec la raison, voilà
donc le bien , ce qui est contraire à la raison, voilà
le mal de l'homme. Par conséquent les actes humains
sont bons ou mauvais suivant que leur objet se trouve
en harmonie ou en opposition avec la raison. De là

______

(1) « In moralibus est quædam delectatio *bona*, secundum
quod appetitus superior aut inferior requiescit in eo quod convenit rationi. » (S. Th., 1ª 2ᵉ, q. xxxiv, a 1. c. et a. 2, c.). —
« Illi qui non possunt gaudere in spiritualibus delectationibus,
transferunt se ad corporales, secundum Philosophum. » (2ª 2ᵉ,
q. xxxv, a. 4, ad 2).

(2) « Quædam appetuntur et propter se, in quantum habent
in seipsis aliquam rationem bonitatis, etiam si nihil aliud boni
per ea nobis accideret, et tamen sunt appetibilia propter aliud,
in quantum scilicet perducunt nos in aliquod bonum perfec-
tius. Et hoc modo virtutes sunt propter se appetendæ. » (2ª 2ᵉ,
q. cxlv, a. 1, ad 1).

pour toute loi, l'absolue nécessité d'être conforme à la raison, bien plus d'être une émanation de la raison elle-même. Car la loi est la mesure des actes humains, puisqu'il lui appartient de prescrire les uns et de défendre les autres. Mais la règle ou la mesure des actes humains, c'est la raison, qui est le premier principe de l'activité humaine (1). »

Recueillons ces axiomes d'un moine du xiii° siècle : *La loi est une émanation de la raison* ; *quædam rationis ordinatio*, et non un arrêté arbitraire du prince : *quod principi placuit legis habet vigorem*, et pas davantage le bon plaisir de la multitude ou d'une majorité de rencontre. Le premier principe des actes humains, c'est la raison ! La raison, c'est-à-dire la lumière, et non pas l'instinct aveugle, et non pas le sentiment, émotion passagère et subjective, qui n'a elle même de noblesse et de valeur qu'autant qu'elle jaillit de la partie supérieure, éclairée de l'âme.

Et pour qu'un acte humain soit bon, il faut qu'il se présente au tribunal suprême de la raison, et que celle-ci, calme, sereine, étrangère à tout mouvement passionnel, à l'amour comme à la haine, à la sympathie, aussi bien qu'à l'antipathie, reconnaisse qu'il est correct, irréprochable, conforme à l'ordre. *In actibus, bonum et malum dicitur per comparationem ad rationem.*

(1) « In actibus bonum et malum dicitur per comparationem ad rationem ; quia (ut Dionysius dicit (*De div. Nomin.* c. v) « bonum hominis est secundum rationem esse, malum autem quod est præter rationem ; » unicuique enim rei est bonum quod convenit ei secundum suam formam, et malum quod est ei præter conditionem suæ formæ. Patet ergo quod differentia boni et mali circa objectum comparatur per se ad rationem, scilicet secundum quod objectum est ei conveniens vel non conveniens. » (1ª 2æ, q. xviii, a. 5, c.). « Lex regula est et mensura actuum, secundum quam inducitur aliquis ad agendum, vel ab agendo retrahitur... Regula autem et mensura actuum humanorum est ratio, quæ est principium primum actuum humanorum... Ergo relinquitur quod lex sit aliquid ad rationem pertinens. » (1ª 2æ, q. xc, a. 1, c.).

Ne craignons plus les surprises du sentiment, la vivacité de l'émotion, les partialités de la sympathie et de l'antipathie, l'impressionnabilité de l'organisme ou de la partie inférieure de l'âme, la versatilité et les égarements de l'opinion, ce n'est point à de tels juges que nous avons confié la cause sacrée de la morale ; de leur jugement aveugle ou précipité, nous en appelons à la raison : *Rationem appello.*

Le saint docteur pousse plus loin sa fine analyse. Le bien n'est pas seulement ce que la raison approuve comme exactement proportionné et répondant pleinement à toutes les exigences de l'ordre ; c'est encore ce qui *élève,* ce qui *agrandit* l'homme et le met en possession de toute la perfection que réclame sa nature. Mais ce qui procure à l'homme sa perfection dernière, c'est la fin pour laquelle il est fait et vers laquelle le portent ses plus intimes aspirations. C'est dans sa fin non plus seulement entrevue et poursuivie, mais saisie et possédée, qu'il trouve le contentement et la paix. Arrivé au *terme,* il n'a plus rien à attendre, plus rien à désirer.

A ce point de vue élevé, le moraliste ne trouve aucune différence appréciable entre ces trois termes : le *bien,* la *perfection,* la *fin* (1).

Se porter au bien, poursuivre sa propre perfection, ordonner tous ses actes à sa fin dernière, voilà, sous trois formules d'aspect différent, un seul et même principe, le principe suprême de la loi morale.

Nous pouvons maintenant définir la morale : C'est *la science pratique de la volonté ;*

Ou encore :

La science de la volonté orientée vers le bien et la perfection ;

(1) « Finis uniuscujusque rei est ejus perfectio : perfectio autem cujuslibet rei est bonum ipsius; unumquodque igitur ordinatur in bonum sicut in finem. » (Saint Thomas, *Cant. Gent.*, l. III, c. XVI, n. 3 ; 1ª, q. V, a. 4 : 1ª 2ᵉ, q. II, a. 8).

Ou avec plus de précision peut-être :

La science qui a pour objet de diriger les actes humains vers la fin dernière.

L'Éthique d'Aristote et de saint Thomas aboutit à cette conclusion :

Tota humana vita oportet quod ordinetur in optimum et ultimum finem humanæ vitæ (1).

CHAPITRE II

CARACTÈRE DIVIN DE LA LOI MORALE

I. — *La religion incluse dans la loi morale.*

Si Dieu existe, il est manifeste que nous avons envers lui des devoirs. Il est l'Absolu et l'Infini ; il est notre créateur et notre père, notre maître et notre bienfaiteur, notre principe et notre fin. Sa main nous a tirés du néant, sa main nous conserve, son œil nous suit dans toutes nos démarches ; un jour sa justice nous demandera compte de notre conduite et de l'usage que nous avons fait des talents que nous devons à sa bonté : *Redde rationem villicationis tuæ.*

Ainsi la morale même *naturelle* est essentiellement religieuse, puisque les premiers et les plus importants de nos devoirs sont des devoirs religieux. Adorer Dieu et l'aimer plus que toutes choses, lui soumettre notre être tout entier, l'âme aussi bien que le corps, l'esprit aussi bien que le cœur, les pensées aussi bien que les œuvres extérieures ; le remercier de ses bienfaits, le prier de nous secourir dans nos besoins, de nous préserver du mal et de la tentation, de nous affermir dans le bien et de soute-

(1) *In I Ethicor*, lect. 2.

nir nos pas sans cesse hésitants, la raison nous prescrit tout cela, au nom du droit naturel.

Mais Dieu n'a pas besoin de nos hommages.

« Il est vrai. Mais la perfection de Dieu ne nous dispense pas de nos devoirs. Quand notre bienfaiteur est tellement au-dessus de nous que nous ne pouvons rien ni pour sa gloire ni pour son bonheur, nons n'en sommes pas moins tenus à exprimer notre reconnaissance. Dieu aime le monde, puisqu'il a voulu le faire ; et il aime les hommes d'un amour de prédilection, puisqu'il les a créés intelligents et libres...

« Affirmer qu'il est indifférent à notre culte et à notre amour, n'est-ce pas une témérité, quand nous savons qu'il se réjouit de nos vertus et qu'il nous aime à proportion de nos mérites. Dieu n'avait pas besoin non plus de créer le monde. C'est mal raisonner et mal faire que de chercher dans la perfection de sa nature un prétexte pour excuser nos vices. Nous ne pouvons parler qu'en tremblant de la nature de Dieu ; mais nous devons parler avec certitude des obligations de l'homme (1). »

Au reste, si elle est inutile pour Dieu, la piété est souverainement utile pour l'homme. Elle nous rend meilleurs et plus saints, elle nous fortifie et nous élève. Nous faisons quelque chose pour la gloire de Dieu, et tout le profit nous en revient (2).

Il en est qui croiraient s'abaisser en rendant à Dieu le culte qui lui est dû. Ils ignorent ce que c'est qu'être religieux. La religion est un *lien* entre le Créateur et la créature, lien nécessaire qui nous rattache à la perfection suprême, chaîne d'or qui nous empêche de nous égarer à la poursuite des faux

---

(1) Jules Simon, *La Religion naturelle*, 4e part., ch. i.

(2) « Ex hoc quod Eum colimus, dit saint Thomas, nihil Ei accrescit, sed nobis ; et ideo meremur aliquid a Deo, non quasi ex nostris operibus aliquid accrescat, sed in quantum propter ejus gloriam operamur. » (1a 2æ, q. cxiv, a. 1, ad 2).

biens, de nous séparer de notre principe et de notre fin dernière.

Avant la création, nous étions en Dieu, nous ne faisions qu'une seule et même chose avec sa substance et les idées de son éternelle sagesse. Par la création, il nous a distingués et séparés de lui, en nous donnant un être propre et borné ; par la religion il nous rattache à lui et nous unit de nouveau à sa perfection immuable. La religion, c'est l'ordre absolu, mais c'est aussi le plus grand bonheur dont puisse jouir ici-bas la créature raisonnable, car c'est la réunion anticipée, quoique imparfaite, avec celui dont la possession éternelle fait les délices de l'autre vie (1).

Que Dieu soit béni de nous permettre de lever vers lui notre faible regard, de placer en lui notre ferme espérance (où trouver un appui sur cette terre, séjour de l'instabilité ?), de lui révéler nos misères, quand nous souffrons, et surtout de nous unir à lui par l'amour, fin suprême de la religion : *Non colitur nisi amando* (2).

II. — *Divers systèmes de morale indépendante.*

La morale naturelle doit-elle aller au-delà des vérités que nous venons d'établir ? Est-elle assez *religieuse* en faisant à Dieu la première et la plus large part dans les devoirs de l'homme, ou faut-il dire en-

----

(1) « Illud ligari dicitur, quod ita uni adstringitur, quod ei ad alia divertendi libertas tollatur. Sed *religatio*, iteratam ligationem importans, ostendit ad illud aliquem ligari, cui primo conjunctus fuerat, et ab eo distare incœpit. Et quia omnis creatura prius in Deo extitit quam in seipsa, et a Deo processit, quodammodo distare incipiens secundum essentiam, per creationem, ideo rationalis creatura ad ipsum Deum debet *religari* cui primo conjuncta fuerat, antequam esset, ut sic ad locum unde exeunt, flumina revertantur. » (Saint Thomas, *Opusc. contra impugnantes Dei cult. et religion.*, c. 1).

(2) Saint Augustin, *Epist.* cxl, *ad Honorat.*, c. xviii, n. 45.

core qu'elle repose *tout entière* sur l'idée de Dieu, et que, sans cette idée, il n'y ait plus ni droits, ni devoirs ?

Depuis Kant, les philosophes se sont partagés sur la solution de ce problème. Un grand nombre d'entre eux ont pris parti pour la morale *indépendante*.

Mais il y a plusieurs manières d'entendre l'indépendance de la morale.

Les plus modérés estiment que la raison toute seule, par ses propres forces et sans le secours d'aucune révélation, peut établir une morale véritable, une morale suffisante, si même elle n'égale pas celle de l'Evangile. Pour fonder cette morale naturelle, que faut-il, après tout : l'existence de Dieu, la Providence, l'immortalité de l'âme, le culte ? Or, tous ces dogmes n'appartiennent-ils pas à la philosophie ? Ainsi raisonnent Cousin, Saisset, J. Simon et généralement les tenants du rationalisme spiritualiste.

Les philosophes dont nous venons d'exposer l'opinion placent l'idée de Dieu non seulement au *sommet*, mais encore à la *base* de la morale.

Kant a fait un pas de plus. D'après lui, la notion de Dieu n'intervient pas dans la doctrine des mœurs, qui relève de la seule raison, de la seule volonté humaine, mais elle est nécessaire au sommet de l'édifice, afin de donner à la morale une *sanction* suffisante... « Il ne faut pas entendre qu'il est nécessaire d'admettre l'existence de Dieu comme le fondement de toute obligation, car ce fondement n'est autre que l'*autonomie* de la raison même (1). » — « L'autonomie de la volonté est cette propriété qu'a la volonté d'être à elle-même sa loi, indépendamment des objets du vouloir.

« Ce n'est point en tant qu'elle est soumise (la personne) à la loi morale qu'elle a de la sublimité, *mais*

____

(1) *Crit. de la raison prat,*, 1re part., l. II, ch. ii, § 5.

en tant qu'elle se donne cette loi à elle-même et qu'elle n'y est soumise qu'à ce titre (1). »

Toutefois, dans notre esprit, l'idée du *bonheur* semble indissolublement attachée à l'idée du bien, c'est-à-dire que celui qui fait le bien semble avoir droit à une récompense, qui n'est autre que le bonheur. Or, Dieu seul peut, dans une autre vie, assurer ou mieux rétablir l'harmonie entre ces deux concepts, harmonie presque toujours brisée dans la vie présente. L'existence de Dieu est donc le *postulat* obligatoire de toute morale (2).

M. Sabatier embrasse avec empressement l'opinion kantiste : « L'unité de principe à laquelle se ramènent les tendances générales de l'esprit moderne, dans tous les ordres, n'est point difficile à découvrir. Un mot l'exprime ; c'est le mot d'*autonomie* ; par où j'entends la certitude invincible qu'a l'esprit humain, arrivé au degré actuel de son développement, d'avoir en soi la norme de sa vie et de ses pensées, avec le désir profond de se réaliser soi-même en obéissant à sa loi ; avec Kant, l'autonomie de la morale a suivi celle de la philosophie. La conscience n'est pas moins indépendante et souveraine aujourd'hui que la raison. Le devoir, pour être reconnu comme tel, doit sortir de la loi impérative intérieure. Une autorité externe, quelque grande qu'on la suppose, ne suffit pas pour créer le sentiment de l'obligation. Ses prescriptions, du moment qu'elles viennent uniquement du dehors, sont tenues pour arbitraires et restent, pour l'homme moderne, hors de la sphère morale proprement dite » (3).

Suivant le mot bien connu d'un auteur contemporain, *on ne fait pas au scepticisme sa part* ; si

---

(1) *Fondements de la métaph. des mœurs*, 1re part., 2e sect., n. 2.

(2) *Crit. de la rais. prat.*, 1re part. l. II, ch. II, § 5.

(3) *La Religion et la culture moderne*, p. 10.

on ouvre seulement une porte, il s'empare bientôt de
toutes les positions. Il en est de même de la guerre
que nous avons vu engagée contre l'idée de Dieu :
d'abord on a eu soin de la restreindre dans des limites assez étroites, on l'étend aujourd'hui dans
toutes les directions à la fois.

Proudhon est un de ceux qui ont montré le plus
de violence dans ces attaques contre toute idée religieuse. « Dieu, c'est l'arbitraire, c'est le mal. Le
principe de la justice est dans l'homme, uniquement
en lui. Voilà déjà que sur la poussière des croyances
passées, l'humanité jure par elle-même. Elle s'écrie,
la main gauche sur le cœur, la main droite étendue
vers l'infini : c'est moi qui suis la reine de l'univers.
Tout ce qui est hors de moi est inférieur à moi, et je
ne relève d'aucune majesté (1). »

Les *positivistes* se sont appliqués à répandre la
doctrine de Proudhon. Il faut donner à la morale une
base solide ; or, l'idée de Dieu, absolument *anti-
scientifique*, d'après les uns, est au moins *problé-
matique* suivant les autres. Laissons donc de côté
toutes les questions oiseuses et creuses de la métaphysique sur l'origine des choses, la nature de
l'homme, l'immortalité et l'autre vie. Traitons la
morale comme les autres sciences de la nature, à la
lumière de l'expérience : la *dignité* humaine, la
liberté et l'*utilité*, en voilà plus qu'il ne faut pour
expliquer l'origine du droit et du devoir. « On a
déjà séparé la morale de l'Évangile et de l'idée de
Dieu... ce n'est pas assez ; il faut encore la séparer
de la philosophie elle-même... Aux utopies de la
métaphysique platonicienne et des théories scolas-
tiques, nous devons substituer la morale effective et

____

(1) *De la Justice dans la Révolution et dans l'Eglise,* IIe vol.,
p. 419, 427, 438, 525.

pratique, uniquement fondée sur les intérêts et les besoins de l'humanité (1). »

L'éthique nouvelle aura, s'il faut en croire ses partisans, trois avantages inappréciables : débarrassée de tout élément surnaturel ou mystique, libre de toute attache avec les diverses écoles qui se partagent la philosophie et divisent les meilleurs esprits, exacte, rigoureuse autant que les sciences de la nature, elle attirera à elle les hommes de tous les partis. Malgré les dissidences qui les séparent, le juif, le chrétien, le musulman, le spiritualiste, le positiviste, l'athée, se rencontreront sur un territoire neutre, accessible à tous, et parleront par tous pays la même langue, celle de l'honnête homme.

III. — *La morale indépendante condamnée par l'histoire.*

S'il est un fait acquis à l'histoire, c'est que la morale, la véritable morale ne s'est jamais séparée de la religion. L'Inde, la Perse, l'Egypte, la Grèce et Rome regardaient la loi comme l'expression de la volonté divine, comme la manifestation d'une puissance céleste ordonnant le bien et défendant le mal, récompensant l'un et punissant l'autre. M. Fustel de Coulanges a démontré que la *cité antique* reposait *tout entière* sur la *religion*. La famille était une petite société groupée autour des pénates et des ancêtres divinisés ; le mariage était pour la nouvelle épouse un changement de religion, elle abandonnait les dieux de son père pour commencer à invoquer ceux de son époux. L'héritier était chargé de continuer le culte domestique : il était père et prêtre tout ensemble. — Toutes les relations des citoyens étaient fondées sur l'idée religieuse ; il en était de même des relations des différents peuples entre eux, la guerre

____

(1) *Revue positiviste,* n° de mai 1879.

et la paix se faisaient au nom des dieux qui remplissaient tout de leur majesté.

Plus tard, il est vrai, ces liens entre les dieux et les hommes ne demeurèrent plus si étroits, l'influence religieuse se fit moins universellement et moins profondément sentir ; mais toujours, chez tous les peuples, la morale n'en resta pas moins indissolublement liée à la religion, comme à son unique appui et à son plus ferme soutien.

Sur ce point, les *philosophes* ont pensé et agi comme les *peuples*. Sans doute, plusieurs d'entre eux s'élevaient, à certaines époques, contre ce qu'il y avait de trop ouvertement ridicule ou superstitieux dans certaines pratiques religieuses, mais jamais on ne les vit séparer la loi morale de la justice et de la volonté des dieux.

Pour ne point multiplier outre mesure le nombre des citations, pourtant assez utiles en un pareil sujet, nous nous bornerons à reproduire ici la pensée de trois illustres représentants de la sagesse antique : Platon, Aristote et Cicéron.

Le premier s'exprime ainsi : « Selon nous, la vraie manière de procéder, en fait de lois, est de débuter par la vertu (1). » — « Nous donnerons pour fondement à nos lois l'existence des dieux (2). » — « Il faut obéir aux lois dans la persuasion que c'est obéir aux dieux mêmes (3). »

Aristote fait appel à la croyance de l'humanité tout entière : — « Une antique tradition, répandue par nos pères dans toute l'humanité, nous apprend que toute chose vient de Dieu et par Dieu, qu'aucune nature ne se suffit et ne subsiste que par son secours... Dieu est notre loi immuable, la plus sainte et meilleure que les lois écrites sur nos tables, gouver-

(1) *Lois*, X, p. 20. Trad. Cousin.
(2) *Ibid.*, p. 217.
(3) *Lois*, VI, p. 328.

nant tout par une activité incessante et une infaillible harmonie..., montrant à toute chose la voie droite, toujours suivie de la justice vengeresse des transgresseurs de cette ligne divine, justice que doit posséder quiconque veut arriver dans l'avenir à la béatitude, et quiconque veut être heureux dès maintenant (1). »

Mais personne ne s'est exprimé avec plus de vigueur et d'éloquence que Cicéron sur la loi naturelle et sur ses rapports avec la loi divine.

« La saine raison est une loi véritable qui est d'accord avec notre nature... On ne peut rien changer à cette loi, ni en la modifiant dans ses détails, ni en la restreignant dans sa portée, ni en l'abolissant dans son ensemble. Ni le sénat ni le peuple ne peuvent nous affranchir de ses prescriptions... ; *elle n'est pas autre à Rome, autre à Athènes, autre aujourd'hui et autre demain.* Tous les peuples et tous les temps sont liés par cette loi immuable. Elle n'a qu'un législateur et un ordonnateur suprême, Dieu, qui en est l'auteur, le juge et le conservateur. Quiconque refuse de lui obéir se renie lui-même, et, méprisant la nature humaine, se soumet aux peines les plus graves dans l'avenir, en supposant qu'il échappe aux maux présents, qu'on peut déjà considérer comme un châtiment (2). »

Et ailleurs : « Les hommes les plus sages sont d'avis que cette loi n'a pas été inventée par la pensée humaine, qu'elle n'est pas le résultat d'une convention populaire ; mais qu'elle est quelque chose d'éternel qui gouverne le monde par la sagesse de ses commandements et de ses défenses. Cette loi souveraine émane de Dieu, qui ordonne toutes choses

(1) *De Mundo*, VI, VII. — L'authenticité de cet ouvrage est rejetée par certains auteurs, mais plusieurs autres l'admettent sans hésiter.

(2) *De Republica*, III, 12.

avec intelligence... La loi naturelle n'est pas seulement plus ancienne que tous les peuples; elle est
contemporaine de la divinité qui régit le ciel et la
terre (1). »

L'éthique de la nouvelle école est donc en désac-
cord avec la croyance unanime des peuples et l'en-
seignement des plus célèbres penseurs de toutes les
écoles (2).

IV. — *Insuffisance manifeste de ses principes et de ses facteurs.*

Nous cherchons en vain ce qu'elle a mis à la place
de ce qu'elle a renversé. Le respect de soi-même ou
l'honneur, l'intérêt général, l'idéal, la patrie ?

Le respect de soi-même ! Mais d'abord il suppose
la dignité personnelle, et celle-ci suppose l'intelligence, la liberté, tout ce qui élève l'homme au-dessus de l'animal et en fait un être à part dans la nature. Mais que devient ma dignité, si, comme le veut
l'école positive, je ne suis qu'un animal perfectionné,
tiré de la matière et destiné à périr avec elle ? Dans
ce cas, peut-il y avoir pour moi d'autre morale que
celle du plaisir ? *Coronemus nos rosis antequam
marcescant* (3). — *Comedamus et bibamus, cras
enim moriemur* (4). Cette conclusion se présentera
avec une logique invincible à la pensée de l'immense
majorité des hommes, et petit sera le nombre de

______

(1) *De Legibus*, ii, 10.
(2) On pourrait adresser à ses partisans les graves paroles
de Guizot : « Vous tournez en dérision, vous blasphémez ce
que les plus grands génies et les plus nobles cœurs ont cru,
admiré et aimé : vous n'avez donc rien de commun avec eux !...
Vous prétendez aux titres d'esprits élevés et d'hommes de bien ;
mais alors pourquoi vous séparer de tout ce qui a fait l'honneur
de l'humanité depuis deux mille ans ? » (*Méditations chré-
tiennes*).
(3) *Sap.*, ii, 8.
(4) *Isaï.*, xxii, 13.

ceux qu'une pudeur naturelle empêchera d'aller
jusque-là.

L'honneur! Mais c'est un mot bien vague aux
yeux de la multitude, tout le monde ne l'entend
pas de la même manière. Il y a le faux honneur,
comme il y a l'honneur véritable. Tel mettra son
honneur à surpasser les autres en bravoure mili-
taire, tel autre à exceller au jeu, à la danse peut-
être, celui-ci le fera consister dans une grande fortune, celui-là le croirait compromis s'il ne tirait une
vengeance éclatante pour la plus légère injure. Qui
décidera entre l'honneur véritable et le faux honneur?

L'intérêt général! Voilà qui vaut mieux, mais,
on l'a vu déjà (1), c'est trop peu encore. Et si
tel acte qui me plaît, bien que la conscience le
réprouve, ne doit pas avoir de grandes conséquences
au point de vue social! Ce qui me fait plaisir dans
la proportion de *cent mille francs* ne nuira peut-
être au bien commun que dans la proportion d'*un
centime* par tête... Dans ce cas et dans vingt autres
semblables quelle influence aura, en pratique, la
considération de ce bonheur *vague* et *indéterminé*,
pour imposer silence à la voix de la *passion?*

L'idéal! Rien de plus séduisant que l'idéal dans
la spéculation, rien de plus capable de faire les délices des âmes généreuses, la nourriture des esprits
contemplatifs. Mais, en dehors de toute intelligence,
l'idéal n'est qu'une abstraction, et si vous supprimez
l'intelligence divine, il ne reste plus que l'idéal *humain*, produit d'une raison faillible et bornée. C'est
trop peu pour fonder le devoir et pour enfanter la
vertu.

Au point de vue qui nous occupe, il n'y a que
l'idéal de la justice, l'idéal de la charité, l'idéal de
la sainteté qui puisse agir efficacement sur les âmes.

(1) Supra, p. 18.

Or, un tel idéal est irréalisable, inconcevable même, sans la pensée et l'amour de Dieu (1). De la philanthropie sans Dieu, cela se conçoit, cela s'est vu et pourra se voir encore ; mais la philanthropie n'est pas la charité, elle n'en a ni la flamme ni la force. Donnons à la morale universelle un point d'appui moins chancelant.

Le patriotisme ! On a osé renfermer la morale, chose de tous les temps et de tous les pays, dans ce mot qui, précisément, divise les hommes entre eux et souvent les arme les uns contre les autres. Sans doute le nom auguste de la patrie peut faire battre les cœurs généreux, mais il n'exerce pas un bien grand empire sur les âmes communes qui forment, après tout, la plus grande partie de l'humanité.

« Mais, répond un auteur peu suspect, qu'est-ce que l'idée de patrie sans l'idée de Dieu? Une abstraction, un mot sans portée, si ce n'est pour quelques intelligences d'élite... Vous figurez-vous une société de libres-penseurs formant une nation fière, énergique, prête à verser ses trésors et son sang pour défendre son sol ou pour venger son drapeau? Ce phénomène ne s'est pas encore vu, et l'on a quelque peine à se le représenter. Ce qui s'est vu souvent, en revanche, c'est la perversion simultanée, parallèle, si je puis dire, du sentiment national et du sentiment religieux chez un peuple. Témoin le Paris de Voltaire et de Diderot, se consolant de Rosbach, en rimant des vers à la gloire du grand Frédéric (2). »

----

(1) « C'est par le seul amour de Dieu que l'homme est capable de poésie et d'enthousiasme ; ce que nous appelons, en tout, l'idéal, c'est, à notre insu, un abandon de la terre, une aspiration vers Dieu. Plus d'un s'est endormi athée et réveillé mystique. » (J. Simon, *Relig. nat.*, 2e part., chap. i.

(2) Albert Duruy, *Revue des Deux-Mondes*, 15 juin 1882.

V. — *Condamnée par ses fruits.*

Quoique née d'hier, la morale indépendante, sous toutes ses formes, a déjà porté ses fruits, et ces fruits permettent de juger de la valeur de l'arbre. Le rationalisme a engendré la libre pensée, et la libre pensée a engendré le scepticisme : le nihilisme n'est pas loin.

Un des coryphées des idées nouvelles, M. Schérer, en faisait naguère le mélancolique aveu et poussait un véritable cri d'alarme. « Le mal, c'est le *désarroi des consciences dans la société moderne* », « la destruction agissant par en haut et d'abord sur une élite, puis s'infiltrant peu à peu et gagnant la multitude », c'est « l'idée morale entamée », et « le monde menacé d'une révolution *spirituelle* ». — Schérer passe ensuite en revue tous les systèmes proposés pour servir de fondement à la morale indépendante ; il les démontre tous impuissants ou faux. Nulle part il ne trouve « la règle applicable à tous, l'autorité souveraine qui permet de dire à chacun : *tu dois, il faut.* Il arrive alors à cette conclusion : « Sachons voir les choses comme elles sont : *la morale, la bonne, la vraie, l'ancienne, l'impérative, a besoin de l'absolu ; elle aspire à la transcendance ; elle ne trouve son point d'appui qu'en Dieu.* »

« La *conscience* est comme le *cœur* : il lui faut un *au-delà.* Le devoir n'est rien s'il n'est sublime, et la vie devient chose frivole si elle n'implique des relations éternelles...

« On a donné bien des définitions de la religion... Ma définition à moi est plus simple : la religion, c'est le surnaturel. Et j'ajoute : *la morale de même,* car la *morale n'est rien si elle n'est religieuse.* Je l'écrivais il y a plus de vingt-cinq ans : *Le surnaturel est la sphère naturelle de l'âme,* et je ne vois pas de raison pour changer d'idée...

« Je vois aujourd'hui disparaître une grande
partie de ce que l'humanité tenait jadis pour ses
titres de noblesse ; ce mouvement me paraît inévi-
table, les tentatives faites pour l'arrêter me semblent
vaines, mais la fatalité avec laquelle il s'accomplit
ne fait pas que j'en éprouve plus de satisfaction...

« On croit trop facilement aujourd'hui que tout
changement est une amélioration ; on confond l'évolution et le progrès ; mais le déclin, la sénilité, la
mort même, c'est encore de l'évolution...

« Après Rome, Byzance. De sorte que la question
est de savoir si la *crise morale*, dont il a été question dans ces pages, n'est pas précisément l'un des
éléments ou des agents d'une transformation générale dans le sens de la médiocrité et de la *vulga-
rité...* : une morale à la Confucius, une littérature
de mandarinat, l'art tournant au japonisme, point de
ciel au-dessus des têtes, point d'héroïsme dans les
cœurs, mais un certain niveau de *bien-être*, de *sa-
voir-faire* et d'*instruction*, l'égalité et l'uniformité
d'un monde où les forces, en s'usant, se sont équi-
librées. « Toute vallée sera comblée, » annonçaient
déjà les prophètes d'Israël, et « toute montagne sera
abaissée. » Ainsi soit-il. Le monde, de ce train, res-
semblera un jour à la plaine de Saint-Denis. Et dire
ce qu'il en aura coûté de cris et d'écrits, d'encre et
de sang, d'enthousiasme et de sacrifices pour réaliser cet idéal (1) ! »

VI. — *Condamnée par la droite raison.*

La morale indépendante a contre elle le sens commun, l'expérience et l'histoire.

Elle a pareillement contre elle les arguments les
plus incontestab'es de la raison. *Pas de morale sans*

____

(1) Nº du journal *le Temps*, 3 et 4 septembre 1884.

l'idée de Dieu, telle est la thèse que nous entreprenons d'établir par des preuves *directes*, tirées de la nature même du sujet.

En effet, sur quoi repose l'éthique *naturelle* ? Sur la raison, sur l'idée du bien, qui donne naissance à l'obligation, et qui, comme toute loi, réclame une sanction convenable. Or, ces divers appuis de la loi morale supposent tous la notion de Dieu. On peut, croyons-nous, faire ressortir avec éclat la vérité de cette proposition par la simple analyse des concepts.

Et d'abord, prenons la *raison*. Elle est, à nos yeux, la faculté maîtresse de l'homme. En vertu de sa force native, elle peut découvrir le vrai, soit dans l'ordre spéculatif, soit dans l'ordre pratique. Les premiers principes des choses ont tant d'affinité avec sa nature qu'elle les découvre par une sorte d'intuition heureuse, soudainement et sans effort.

Cependant la raison ne saurait se suffire à elle-même.

Après Kant, et avec les autres rationalistes, M. Sabatier nous oppose « le principe d'autonomie, dans tous les ordres » comme le dernier critère « de l'esprit moderne ».

S'il faut dire ici toute notre pensée, ce fameux principe n'est pas autre chose qu'un *postulat*, le postulat de cet orgueil de l'esprit en qui M. Brunetière a découvert le plus grand péché de ce temps. Ceux qui ont inscrit sur leur drapeau : « Ni Dieu ni maître » peuvent bien alléguer « le principe d'autonomie dans tous les ordres ». Mais ceux qui croient en Dieu et pour qui la raison humaine n'est pas une idole, ne devraient pas oublier qu'il y a antinomie entre l'être créé et la souveraine indépendance. Qui dit créature, dit être produit par la cause première ; et il répugne que l'*effet* se proclame indépendant de la *cause*. Si la raison humaine a été tirée du néant, comme tout ce qui a l'être et la vie, d'où lui viendrait la force de subsister par elle-même, et la pensée de méconnaître l'autorité de son premier principe ?

Oui, elle est une lumière, mais une lumière empruntée, comme dit saint Thomas, et qui a besoin, à chaque instant, de s'éclairer d'une lumière plus haute. *Lumen rationis naturalis nihil est aliud quam impressio divini luminis in nobis* (1).

Oui, elle est capable de nous donner la certitude et de nous révéler une foule de vérités importantes, mais ce pouvoir auguste, elle l'a reçu de l'auteur de toute vérité et de toute certitude, qui continue à chaque heure de lui faire entendre la parole de la vérité (2).

Que peut devenir le ruisseau séparé de la source ? que peut devenir le rayon séparé du foyer ?

Saint Thomas, défenseur absolu de la raison humaine, professe qu'elle a sur la moralité des actes humains une influence bien moins grande que la loi éternelle, c'est-à-dire la raison de Dieu. Car « dans toutes les causes ordonnées et qui se rapportent au même objet, l'effet dépend bien plus de la cause *première* que de la cause *seconde*, la cause seconde n'agissant que par la vertu de la cause première. Or, que la raison humaine soit la règle de la volonté et la mesure de sa bonté, elle ne tient pas d'elle-même un si haut pouvoir, mais seulement de la raison divine. Aussi, le Psalmiste ayant rapporté cette question, posée en forme d'objection : « Qui nous montrera le bien ? » fait aussitôt cette réponse : *Seigneur, vous avez imprimé en nous la lumière même de votre face*, comme s'il voulait dire : « La

____

(1) 1a 2æ, q. xci, a. 2. c.

(2) « Quod aliquid per certitudinem sciatur est ex lumine rationis divinitus interius indito, quo in nobis loquitur Deus. » Q, *de Magistro*, a. 1, ad 13.

lumière de la raison qui est en nous n'a de force
pour nous découvrir le bien, que parce qu'elle brille
de votre lumière, comme un rayon échappé de votre
face (1). »

De son côté, saint Augustin enseigne, avec un rare
bonheur d'expression, qu'il y a deux lumières : « La
lumière illuminante et la lumière illuminée, *lumen
illuminans* et *lumen illuminatum*. » La raison est
cette dernière lumière. Si elle cesse de se tourner
vers « la lumière illuminante », c'est-à-dire vers Dieu,
elle se voit bientôt envahie par les ombres de la nuit,
car elle tourne le dos à la lumière (2).

Cette vérité bien comprise rendrait compte d'un
fait qui se reproduit fréquemment et qui, au premier
abord, a quelque chose d'étrange. On rencontre des
hommes bien doués au point de vue intellectuel, et
qui n'aperçoivent pas ce que saisissent du premier
regard des esprits moins cultivés, mais plus modestes.
On les voit même tomber dans des erreurs si graves,
qu'elles étonnent le simple bon sens. Qu'est devenue
leur perspicacité naturelle et cette souplesse d'esprit
qui le rend si habile à distinguer les moindres
nuances? *Oculos habent et non videbunt.* Comment
verraient-ils? ils ne croient qu'à leurs propres lumières, leurs yeux ne reçoivent plus les rayons du
soleil de justice. La sagesse humaine est sage, dit

(1) « Multo magis dependet bonitas voluntatis humanæ a lege
æterna quam a ratione humana ; in omnibus enim causis ordi-
natis, effectus plus dependet a causa prima quam a causa secunda, quia causa secunda non agit nisi in virtute causæ primæ.
Quod autem ratio humana sit regula voluntatis humanæ, habet
ex lege æterna, quæ est ratio divina ; unde dicitur (*Ps.* iv, 6) :
« Multi dicunt : Quis ostendit nobis bona? Signatum est super
nos lumen vultus tui, Domine ; quasi diceret : Lumen rationis,
quod in nobis est, in tantum potest nobis ostendere bona, in
quantum est lumen vultus tui, id est, a vultu tuo derivatum. »
(1ª 2ᵃᵉ, q. xix, a. 4, c.).

(2) « Dorsum habebam ad lumen et ad ea quæ illuminant fa-
ciem ; unde ipsa facies mea quæ illuminata cernebat, ipsa non
illuminabatur. » (*Confess.*, l. IV, c. xvi, n. 30 et 31).

saint Thomas, aussi longtemps qu'elle demeure unie et soumise à la sagesse de Dieu ; quand elle s'en détourne, elle tombe dans l'égarement et la folie (1).

La raison nous présente l'idée du *bien*, sur laquelle repose toute la morale. Cette idée, nous l'avons déjà vu, est *universelle* et *absolue*, comme l'idée du beau, comme l'idée du vrai.

Mais d'où lui vient ce caractère de nécessité et d'immutabilité? De l'esprit humain ? Non, certes. Notre esprit ne *fait* pas son objet, il le *découvre* seulement : mon œil ne crée pas la couleur, ni mon ouïe le son, ni mon toucher l'étendue, ni ma raison le vrai, ni ma volonté le bien. Que l'homme soit ou ne soit pas, peu importe, la vérité, la beauté et la bonté demeurent ce qu'elles sont en elles-mêmes. Elles s'imposent à lui et le subjuguent, elles commandent et il se soumet. La raison humaine n'est point la *mesure* des choses, dit saint Thomas ; au contraire, les principes dont elle a une connaissance naturelle se présentent à elle comme la règle et la mesure générale à laquelle l'homme doit se plier dans toutes ses actions (2).

Ainsi la vérité morale comme la vérité spéculative ne trouve point dans l'esprit humain sa raison d'être ; où la chercher, sinon dans la seule intelligence qui la contienne et en qui elle subsiste, l'intelligence infinie ?

Plusieurs philosophes rationalistes sont arrivés à cette conclusion, à la suite de Cousin, qui l'a ainsi formulée : « La vérité morale, comme toute autre vérité universelle, ne peut demeurer à l'état d'*ab-*

______

(1) « Humana sapientia lamdiu est sapientia, quamdiu est subjecta divinæ sapientiæ ; sed quando recedit a Deo, tunc vertitur in insipientiam. » (*Comment. in* 1am *ad Cor.*, c. xv, lect. 5a).

(2) « Humana sapientia secundum se non est regula rerum ; sed principia ei naturaliter indita sunt regulæ quædam generales et mensuræ omnium eorum quæ sunt per hominem agenda. » (1a 2æ, q. xxxi, ad 2).

straction. Dans nous, elle n'est que *conçue*. Il faut qu'il y ait quelque part un être qui non seulement la conçoive, mais qui la *constitue*.

« De même que toutes les choses belles et toutes les choses vraies se rapportent, celles-ci, a une unité qui est la vérité *absolue*, et celles-là, à une autre unité qui est la beauté *absolue*, de même tous les principes moraux participent d'un même principe, qui est le bien. Nous nous élevons ainsi à la conception du bien en soi, du bien absolu. Or, ce bien absolu peut-il être autre chose qu'un attribut de celui qui est, à proprement parler, l'être absolu (1) ? »

Supprimez l'idée de Dieu, au même moment la loi morale cesse d'être autre chose qu'une pure abstraction ; elle demeure sans appui dans le vide infini, perdue dans le ciel désert des êtres intelligibles. Or, je vous le demande, quelle pourra bien être la valeur et surtout l'influence d'une telle idée sur l'esprit humain ? Que sera-ce, lorsqu'un partisan de l'école critique, généralisant le système de Kant, aura réduit cette idée à la condition de toutes les autres, c'est-à-dire à l'état de forme régulatrice de l'entendement ? lorsqu'un autre, inspiré de Renan, la présentera comme l'œuvre de l'homme, comme une production de l'esprit individuel qui se fait son idéal de bonté et de sainteté, comme il se fait, dans la mesure de ses forces ou de ses goûts, son idéal de vérité et de beauté ? Le moyen de s'enflammer pour une abstraction, ou de

---

(1) *Le vrai, le beau et le bien*, 16ᵉ leçon. Voir aussi Jouffroy : *Cours de droit naturel*, 2ᵉ leçon, p. 50. — Saint Thomas avait dit bien avant Cousin : « Invenitur in rebus aliquid magis et minus *bonum*, et verum, et nobile ; et sic de aliis hujusmodi. Sed magis et minus dicuntur de diversis secundum quod appropinquant diversimode ad aliquid quod maxime est. Est igitur aliquid quod est verissimum, et optimum, et nobilissimum, et per consequens maxime ens... quod autem dicitur maxime tale, in aliquo genere, *est causa omnium quæ sunt illius generis*... Est ergo aliquid quod omnibus entibus est *causa* esse, et *bonitatis*, et cujuslibet perfectionis ; et hoc dicimus Deum. » (1ᵃ, q. ii, a. 3, c.)

tomber à genoux devant l'œuvre de ses mains !

En troisième lieu, la loi morale est *obligatoire*.
Kant, on s'en souvient, déclare que le fondement de
l'obligation n'est autre que l'*autonomie* de la raison
elle-même, « la propriété qu'a la volonté d'être à elle-
même sa loi », et que si elle se soumet à la loi morale, ce n'est qu'en tant qu'elle se donne cette loi à
elle-même.

Et Proudhon reproduit le Philosophe allemand
quand il dit « que le principe de la justice est en
l'homme, uniquement en lui, et que la seule loi qui
n'humilie pas l'homme, c'est le commandement de
soi vis-à-vis de soi ».

Pourquoi l'homme serait-il humilié en obéissant à
l'auteur de la loi morale? C'est donc un déshonneur
de se soumettre à *l'ordre* et à la *raison*? Et n'est-il
pas dans l'ordre que la créature raisonnable, petite
ou grande, reconnaisse l'autorité du Créateur et du
souverain Maître? Si, comme on l'a montré, la loi
naturelle n'est qu'une émanation de la loi éternelle, et si celle-ci n'est pas autre chose que la raison divine, où est l'esclavage, où est l'humiliation
qu'entraîne l'obéissance ? Est-il plus noble d'o-
béir à la volonté humaine, si facilement influencée
par la passion, à la raison individuelle, si courte
et si portée à l'erreur, que d'obéir à la volonté
du Dieu trois-fois saint, et à la sagesse infaillible et
impeccable?

La seule humiliation pour l'homme, c'est de se
soustraire à la loi éternelle, de subir des tyrannies
contraires à sa nature, à sa dignité, de se faire l'es-
clave de l'égoïsme et des sens. L'obéissance à la loi
de Dieu nous délivre de cette servitude, *elle nous
élève au-dessus de nous-mêmes* (1), sans nous im-

---

(1) En ce sens, mais en ce sens seulement, on peut dire avec
M. Sabatier, que l'homme se *réalise soi-même* en obéissant à
la loi. Il *se réalise* en effet puisqu'il passe de la puissance à
l'acte, d'un état imparfait à un état plus parfait, et qu'il de-

poser d'autre obligation que celle d'être raisonnable. Servir dans ces conditions, c'est régner : *Servire Deo regnare est.*

D'ailleurs, l'opinion de nos adversaires est en contradiction avec le témoignage de la *conscience*. Nous *sentons* que la loi morale ne vient pas de nous-mêmes, mais du *dehors* et de plus *haut* que nous. Nous sentons que nous ne sommes point « en même temps *législateurs* et *sujets* » comme Kant l'a prétendu ; la loi nous commande en souveraine, elle nous inspire un respect *religieux* ; si nous la violons, elle nous fait, par le moyen de la conscience, sentir ses reproches au fond de l'âme ; enfin, si dans certaines circonstances nous éprouvons vivement que nous avons diminué et flétri notre dignité personnelle, nous comprenons, dans toutes, que nous avons contrevenu aux prescriptions d'une autorité auguste, indépendante et supérieure à nous-mêmes. Or, ces divers sentiments n'auraient aucun sens, si la loi morale était une création humaine, si nous étions vraiment législateurs avant d'être sujets, si nous ne nous soumettions à elle qu'en tant que nous avons trouvé bon de nous l'imposer.

Ajoutez que la raison humaine est absolument incapable de tirer d'elle-même et de son fond la loi naturelle. Celle ci est universelle, absolue, immuable, infaillible : ses décrets valent pour les hommes de tous les temps et de tous les pays, ce qu'elle commande est toujours le bien, ce qu'elle défend est toujours le mal.

Trouvez-vous quelqu'un de ces caractères dans la raison individuelle, qui « se teint de toutes les couleurs » de l'espace et du temps, qui hésite, chancelle,

vient plus grand et meilleur. Et il « se réalise, » plus et mieux en se soumettant à la loi de Dieu, qu'en se soumettant « à sa loi », sa loi, à lui, étant défectible comme la raison qui la conçoit, comme la volonté qui l'édicte.

avance, recule, se trompe, se corrige, sauf à se jeter
dans de nouvelles *témérités* et à retomber dans de
nouvelles erreurs ?

L'inférieur ne peut être lié et jugé que par un supérieur ; et ici nous aurions le même lié, jugé par
le même, ou plutôt le plus découlerait du moins,
l'immuable serait produit par le mobile, l'impersonnel
par l'individuel, l'infaillible par ce qui est sujet à
l'erreur, le saint par ce qui est susceptible de tous les
entraînements du vice !

Venons enfin au dernier caractère de toute loi bien
faite : la *sanction*.

Telle est la faiblesse des hommes, qu'une loi privée
de sanction ou accompagnée d'une sanction ineffi-
cace n'a presque aucune prise sur eux. Il ne suffit
point d'ordonner ou de défendre, on doit encore
charger quelqu'un de l'exécution du décret, et il faut
pour cela lui mettre en main une force suffisante, en
d'autres termes, il faut qu'il puisse récompenser ou
punir. Faute de cette condition, la loi se confond avec
le simple *conseil*, disons mieux, c'est une lettre morte.

La loi morale ne saurait être assimilée à un simple
conseil, elle est formelle, absolue, catégorique. D'un
autre côté, elle a pour ennemies non seulement la
faiblesse de la nature, mais encore la passion, qui
tantôt se porte avec impétuosité vers le plaisir dé-
fendu, et tantôt recule avec effroi devant l'effort
qu'exige le bien. Et pourtant la loi morale n'a point
de force armée pour se faire respecter, elle laisse le
gendarme à la loi civile. Sera-t elle donc réduite à
élever la voix dans le désert, ou à la sentir étouffée
par les clameurs bien autrement puissantes de la violence et des passions ?

Cependant, elle est juste, elle est nécessaire, elle
est absolument indispensable. Les destinées de l'honneur reposent sur elle, sur elle repose le salut de
l'individu et de la société.

Que disent les partisans de la morale indépendante? Les uns lui assurent pour toute sanction l'approbation ou la désapprobation de l'opinion publique, les autres, la joie et les remords de la conscience. Quelles puissantes digues pour contenir le fleuve tumultueux des passions!

L'opinion publique! Mais elle se fait et se défait tous les jours. Ce qu'elle approuvait hier, elle le désapprouve aujourd'hui ; ce qu'elle exalte aujourd'hui, elle le brisera demain. Que de fois ne se trouve-t-elle pas en opposition ouverte avec la justice! Hélas! elle s'accommode bien davantage du succès que du droit, de la force insolente que de la faiblesse opprimée.

Reste la conscience. D'après la nouvelle école, la conscience ne saurait se tromper, « elle est le juge infaillible du bien et du mal » ; elle prodigue ses consolations à qui a fait son devoir, et fait sentir la douleur cuisante du remords à qui a blessé la dignité humaine en lui même ou dans les autres. Cette sanction interne est seule en rapport avec la nature de la loi morale, toute autre sanction venue de dehors, rémunération ou châtiment, reste étrangère à l'acte humain et ne peut entrer en ligne de compte avec le devoir.

Nul doute qu'il n'y ait une part de vérité dans la doctrine qu'on vient d'exposer. La conscience est bien, en effet, la lumière intérieure qui éclaire tout homme sur la loi qui l'oblige, ou plutôt sur les applications ou prescriptions particulières de cette loi, dans les circonstances diverses et parfois si difficiles de la vie morale. D'un autre côté, la conscience n'est point une lumière froide et insensible qui se borne à éclairer la route à suivre. Si l'on fait bien, elle approuve hautement, dût l'opinion publique tout entière ignorer ou méconnaître le véritable mérite ; si l'on agit mal, au contraire, elle fait entendre au-dedans de l'âme sa voix accusatrice que les applaudissements d'une foule aveugle et ignorante ne peuvent jamais étouffer.

Voilà un commencement de sanction, un *acompte* sérieux sur la récompense totale qui attend l'homme de bien et sur la peine réservée au méchant.

Néanmoins, à cette théorie on peut opposer nombre de critiques.

D'abord, la conscience n'est pas « ce juge infaillible du bien et du mal » qu'exalte Rousseau, non sans quelque emphase. La conscience est une faculté humaine tout comme la raison, dont, à vrai dire, elle ne se distingue pas ; par suite, elle est comme celle-ci susceptible d'ignorance ou d'erreur.

Qu'arrivera-t-il si vous l'en séparez ? Comme c'est la raison qui lui dicte ses principes, et que Dieu seul peut éclairer la raison, pourrez-vous encore appeler cette conscience amoindrie et privée de tout secours supérieur « un instinct divin, une immortelle et céleste voix » ?

La paix ou l'inquiétude de la conscience ne doivent pas davantage être considérées, l'une comme la récompense suffisante du bien réalisé, l'autre comme la punition efficace du mal accompli. Que d'hommes obéissent au devoir, s'imposent les plus durs sacrifices, sans que des joies bien vives viennent encourager leurs efforts ! que d'autres chez qui le remords a peu de vertu, parce que la nature est grossière et la sensibilité émoussée ou engourdie ! Il ne se trouve pas chez tous avec la même énergie, il est en proportion de la délicatesse de l'âme ; tel éprouvera plus de chagrin pour une faute légère que tel autre pour un grand crime. Enfin, chez l'homme adonné au vice, il s'affaiblit de plus en plus précisément alors qu'il devrait au contraire grandir pour suivre et châtier le coupable, peut-être même pour le retenir sur la voie malheureuse où il s'engage.

Aux yeux d'un grand nombre, la joie pure qui résulte d'une action vertueuse est un plaisir trop subtil, pour dédommager du sacrifice des passions, et le remords une douleur trop douce pour comprimer la pensée du mal et empêcher le crime.

D'ailleurs, mettons-nous en présence de l'hypothèse d'un grand nombre de nos adversaires. Leur opinion est qu'il n'y a pas de Dieu, qu'il n'y a pas d'autre vie, que personne ne remarque le pécheur, ou que si quelqu'un le voit, il gardera le silence, passera outre ou ne parlera pas bien haut.

Dans de telles conditions, il n'y a qu'une nature exceptionnellement douée, une conscience exquise, qui se sente prise d'effroi à la seule pensée du mal ou qui se décide à faire le bien pour le bien, non pas une fois, mais toujours.

Lamartine l'a dit avec beaucoup de raison : « Otez l'idée de Dieu dans la conscience et il fait nuit dans l'homme : la conscience sans Dieu, c'est un tribunal sans juge. »

Le faible, le pauvre ne peut plus attendre le secours d'en Haut, il ne peut plus lever les mains ni les yeux vers le ciel, tout horizon est fermé devant lui, toute espérance lui est interdite, personne ne le voit ni ne l'entend. Personne pour lui dire : courage et patience, je te vois, je t'aime, je te récompenserai un jour.

Quant au riche et au puissant, qu'il jouisse en paix de ses trésors et qu'il abuse de sa force à son gré, il ne sera point appelé à comparaître devant les juges de la terre ; s'il l'est, il saura les fléchir : l'or et la force font taire bien des scrupules.

Voilà les conséquences naturelles, inévitables de la morale indépendante. Et maintenant, osez dire qu'elle sauvegarde les droits de l'honnête, qu'elle encourage la vertu, et qu'elle détourne efficacement du crime.

Laissez-nous donc le nom de Dieu, puisque vous ne savez rien mettre à sa place.

VII. — *Réponse aux objections.*

Les partisans de la morale indépendante font plusieurs objections tendant à établir que le devoir possède une force *intrinsèque*, absolue, qui rend inutile le recours à la théodicée. Il importe de les exa-
miner ici avec soin : ce sera donner la démonstration
indirecte de notre thèse.

Voici la première, telle qu'elle est proposée par l'un
d'entre eux : « Avons-nous besoin de savoir que Dieu
est et ce qu'il est pour nous prononcer sur la distinction du bien et du mal ? Non, pas plus que pour nous
prononcer sur la distinction du beau et du laid, du
vrai et du faux. Il en est des concepts fondamentaux
de la morale comme de ceux de l'esthétique et de la
logique, ils n'en supposent pas d'autres. — Avons-
nous besoin de connaître l'existence de Dieu et sa
nature pour savoir que le bien doit être fait et le mal
évité ? Pas davantage. L'idée du devoir est insépa-
rable de l'idée du bien, et il est impossible d'avoir
l'une sans avoir l'autre » (1).

L'objection repose sur une équivoque et sur une
parité seulement apparente entre la morale, la logique
et l'esthétique.

Sans doute, je puis avoir l'idée du vrai, du beau et
du bien sans avoir encore l'idée de Dieu : il me suffit
de voir des choses vraies, belles et bonnes. Je puis
connaître et admirer l'immensité de la mer, la fécon-
dité de la terre et la splendeur des cieux sans savoir
si toutes ces choses se soutiennent par leur propre
vertu, ou grâce au secours invisible d'un être créateur. Mais cela fait-il que le vrai, le beau et le bien
ne relèvent nullement de Dieu et n'aient pas en lui
leur unique et naturel fondement ? Cela fait-il que le
ciel, la terre et la mer et le monde tout entier ne
dépendent pas de la cause première ? Supprime-t-on

(1) Ferraz, *Philosophie du devoir*, l. I, ch. I.

l'origine et le principe des choses, pour n'y point penser? Or, nous avons dit que si le bien peut être connu avant que Dieu le soit, il ne peut être connu comme ayant en lui sa raison dernière, comme indépendant du bien absolu, source de tout bien : ce qui suffit à renverser l'opinion de nos adversaires.

De même, si je saisis le sens des mots, je comprends que le bien doit être fait et le mal évité ; car le bien, c'est l'ordre, le mal, c'est le désordre, et ma raison éprouve une sympathie irrésistible pour le premier, une invincible répulsion pour le second. Mais l'ordre ne suppose-t-il pas un ordonnateur? et sans lui aurait-il commencé? Durerait-il encore? Et si cela est vrai de l'ordre du monde matériel, cela ne le sera-t-il pas également de l'ordre du monde moral?

D'ailleurs, la parité que l'on suppose entre la morale, d'une part, et la logique, l'esthétique et les autres sciences, d'autre part, n'a rien d'absolu. Les sciences n'imposent à l'homme aucune obligation, elles demeurent étrangères aux faiblesses et aux passions de notre nature. Dès que le vrai ou le beau se présente, il enlève l'adhésion et ne rencontre dans nos penchants aucune résistance, aucun obstacle.

Il en va tout autrement de la morale. Le bien n'est pas comme le vrai et le beau un objet de contemplation, d'admiration platonique, il se rapporte à la partie la plus intime de notre être, il s'adresse au cœur, il est une règle de conduite, une loi inflexible, absolue, devant laquelle doivent plier les passions et les secrets instincts de la sensibilité.

On le voit, la question change entièrement de face, il ne s'agit plus de connaissance, il s'agit d'amour, d'action et de sacrifice. Or, il faut le dire encore une fois, l'obligation suppose un maître qui a le droit de commander, et le seul maître légitime de l'homme, c'est Dieu. Et fût-il établi, ce que nous n'admettons

nullement, que la raison toute seule peut, sans l'idée
de Dieu, connaître et déterminer tous les devoirs de
l'homme, on n'en serait pas plus avancé pour cela.
Car, en morale, il ne suffit pas de connaître le devoir,
il faut encore avoir la volonté et la force de l'accomplir, et nous avons prouvé que seule l'idée de Dieu
peut inspirer ce dessein et le courage de l'exécuter.

On insiste. Ce qui fonde la distinction du bien et
du mal, ce qui donne naissance à l'obligation, ce
n'est pas précisément la raison individuelle, c'est la
raison *impersonnelle*, la raison *générale*, et ce qui
oblige, c'est l'*idéal* que cette raison nous propose.
On a donc ici tout ce qu'on demande : un supérieur
et un inférieur, puis l'idéal ou le but.

Mais d'abord, comment saurai-je que la raison
impersonnelle ou générale a parlé, qu'elle m'impose
tel ou tel devoir, qu'elle défend ceci, commande cela?
Faudra-t-il consulter le genre humain tout entier,
ou pourra-t-on s'en tenir à l'avis de la majorité ?
Dons ce dernier cas, on retombe dans l'erreur qui
fait de l'opinion publique la base de la morale.

Au surplus, la raison impersonnelle a le même
défaut que la raison personnelle : elle est humaine et
finie, elle n'est pas une *lumière illuminante*, mais
une *lumière illuminée*, *lumen illuminatum*, et par
là même, elle n'est point la raison dernière du droit.

Quand nous obéissons à la loi morale, nous avons
le sentiment intime d'obéir à quelque chose d'infiniment supérieur à la raison générale, nous nous sou-
mettons à la raison souveraine, à l'intelligence infinie. La conscience ne nous parle ni en son nom ni au
nom des hommes, elle est, suivant une magnifique
expression de saint Bonaventure, le porte-voix de
Dieu (1).

(1) « Conscientia est sicut præco Dei et nuntius. Et quod dicit, non mandat ex se, sed quasi ex Deo ; sicut præco, cum di-
vulgat edictum regis. » (*In lib. III Sent.*, dist. 33, a. 1, q. III,
ad argum).

Une dernière objection a été faite en faveur de la morale indépendante, objection spécieuse et embarrassante au premier abord. Paul Janet la formule en ces termes : « On ne voit pas qu'il y ait une liaison nécessaire entre les doctrines et les mœurs : Epicure, Spinoza, Condillac, Helvétius et Kant étaient les plus honnêtes gens du monde ; cependant l'un était athée, l'autre panthéiste, l'autre sensualiste et le dernier sceptique (1). »

Une première remarque à faire, au sujet de cette difficulté, c'est que tous les philosophes dont parle M. Janet, sauf Helvétius, admettaient Dieu, tout en altérant plus ou moins sa notion. Plus ou moins aussi ils rattachaient à cette idée la vie humaine et la science des mœurs, ce que ne font à aucun degré les partisans de la morale indépendante.

On nous dit encore que ces auteurs « étaient les plus honnêtes gens du monde ». Mais il faudrait s'entendre sur le sens du mot *honnête homme*. Qu'on nous permette le langage de l'Ecole, il a, aux yeux de plusieurs, une extension fort grande, mais une compréhension fort étroite. Suffit-il pour mériter le titre d'honnête homme de mener une vie réglée, laborieuse, de respecter le bien du prochain et même de faire preuve de philanthropie ? Nous ne pensons pas qu'un tel programme contienne tous les devoirs de l'honnête homme, ni même qu'il impose de bien grands sacrifices à certaines natures.

Pour être vraiment honnête homme, selon nous, même en faisant abstraction de tous les devoirs fondés sur la religion révélée, il faudrait laisser à *l'honestum* des latins toute sa vigueur étymologique, en d'autres termes, suivre la loi naturelle sans res-

Quant à l'idéal, on a montré plus haut (p. 39) son insuffisance comme principe de la loi morale.

(1) *De l'Eclectisme, Revue des Deux-Mondes*, nº du 15 janvier 1866, p. 520.

triction. Or, cela conduirait peut-être assez loin, en tout cas, beaucoup plus loin qu'on ne l'entend d'ordinaire, dans le sens mondain du mot. Par exemple, *l'humilité*, la *chasteté*, une certaine *tempérance* qui règlent l'esprit et le cœur, les pensées et les affections les plus intimes aussi bien que les actes extérieurs, feraient essentiellement partie des devoirs de l'honnête homme.

Nous ajouterions aussi la religion, c'est-à-dire tous les devoirs envers Dieu, basés sur la raison naturelle : adoration, amour, dépendance, prière. Car il nous répugnerait de donner le titre, souvent profané, d'honnête homme, à quiconque négligerait les premiers et les plus essentiels devoirs de tout homme, les devoirs envers la divinité.

Ces devoirs comprendraient encore la disposition à s'élever plus haut, si telle était la volonté connue de Dieu ; comme serait la disposition à admettre la religion *surnaturelle*, si son existence venait à être clairement établie.

On ne dit pas si Epicure, Spinoza, Helvétius et Kant « étaient les plus honnêtes gens du monde » dans le sens précis que nous venons d'indiquer. L'eussent-ils été, et quelques autres à leur exemple, cela ne prouverait encore rien en faveur de la morale indépendante. Il resterait à démontrer que les athées, ou, plus généralement, ceux qui font abstraction de Dieu dans leur conduite, observent leurs autres devoirs en vertu de leurs principes, plutôt que par une heureuse inconséquence, et grâce à un bon naturel. Il est des hommes religieux et qui ne remplissent pas toutes les prescriptions de la morale. Est-ce à dire que la religion n'est pas bonne, ou qu'elle est indifférente à la conduite ? Ou serait-ce seulement qu'ils sont moins bons que leurs principes et qu'ils ne font pas *tout ce que* leur commande la religion ?

De même, quand des hommes, comme on en voit

parfois, pratiquent certaines vertus naturelles, sans être religieux, il ne faut point en conclure aussitôt « qu'il n'y ait aucune liaison nécessaire entre les doctrines et les mœurs », et que l'athéisme ait autant d'avantages que le théisme au point de vue de la morale. On dit que Pyrrhon oubliait dans la pratique son scepticisme et se conduisait à peu près comme tout le monde. Voudriez-vous conclure de là que le scepticisme appliqué serait absolument inoffensif ?

Nous pensons la même chose de l'athéisme. *Appliqué*, il est subversif de toute morale, parce qu'il renverse le *principe* même du bien et du devoir. Si maintenant il se rencontre des hommes qui se disent athées et demeurent néanmoins fidèles à quelques vertus (leur nombre est toujours forcément très restreint), nous louons l'heureux naturel qui leur permet de demeurer relativement honnêtes en dépit de leurs principes, et nous continuons à tenir leurs croyances pour mauvaises et funestes à la morale. Nous soutenons que si elles venaient à être partagées par le grand nombre, elles ne tarderaient pas à faire disparaître de parmi les hommes l'honnêteté même naturelle.

Saint Augustin a dit qu'on vit mal si l'on ne pense pas bien de Dieu : *Male vivitur si de Deo non bene sentitur* (1). Il ne suffit pas d'admettre l'existence de l'Etre suprême pour bien vivre, il faut encore ne pas se faire des idées trop fausses sur sa nature et ses attributs. Une erreur notable sur Dieu peut entraîner des écarts sensibles dans la conduite. Supposez, par

(1) *De Civit. Dei*, l. V, c. x.
Platon avait dit dans le même sens : « Qui connaît Dieu est véritablement sage ; qui ne le connaît pas est évidemment ignorant et méchant ». (Théétète. p. 133. trad. Cousin, t. II). — Et ailleurs : « Ce que tu regardes maintenant comme de nulle conséquence est en effet ce qu'il y a de plus important pour l'homme, je veux dire avoir sur la divinité des idées justes, d'où dépend sa bonne ou mauvaise conduite. » (*Lois*, l. X, n. 20).

exemple, que Dieu est bon sans être juste, ou réciproquement ; qu'il existe, mais qu'il n'est pas le créateur du monde, ou que, s'il l'a créé, il s'en désinté-
resse, qu'il ne nous voit pas, ne nous entend pas, ou
que s'il nous voit et nous entend, il n'est pas disposé
à bénir nos prières, à nous soutenir et à nous diriger, à nous récompenser ou à nous punir ; que
l'homme peut se suffire à lui-même et qu'il n'a nul
besoin de recourir à l'Etre suprême, l'idée de Dieu
perdra beaucoup de son efficacité naturelle, et la
conduite ne pourra moins faire que de refléter ces
graves erreurs de la pensée.

On a observé que *de la conception qu'un peuple
a de Dieu dépend le niveau de son organisation
sociale* (1). « Plus son affirmation est nette et pré-
cise, plus elle dégage la cause suprême, l'infini,
l'éternel, l'absolu, le maître, le type et la fin de
toutes choses, plus aussi on voit s'élever la nature et
la civilisation resplendir (2). » Et ici nous entendons
par civilisation le progrès dans sa partie la meilleure,
les grandes idées, les nobles sentiments, les fortes
vertus, l'intelligence la plus haute des destinées de
l'homme, le sens le plus exquis de l'idéal, les institu-
tions les plus équitables, les rapports de l'autorité et
de la liberté les mieux établis, les mœurs les plus
intègres, l'humanité, la bienveillance, la générosité,
l'esprit de sacrifice, le dévouement à la patrie le
mieux pratiqués (3).

(1) Frank, *Etudes Orientales.*
(2) Le P. Monsabré, *Conf. de N.-D.*, Carême de 1873, 3e conf.
(3) Jules Simon a fait sur le sujet qui nous occupe des re-
marques d'une grande justesse et d'une réelle élévation. « Nous
ne rechercherons pas si un *peuple* d'athées pourrait subsister ;
nous nous bornerons à dire que le sentiment religieux est
peut-être le plus puissant de tous les liens sociaux. Il ne faut
pas dire que la famille est plus puissante encore, car la piété
filiale n'est qu'une forme de la piété. C'est la pensée de Dieu
qui achève de *sanctifier* le foyer domestique, ce centre béni
de toutes les affections douces et sociables. Otez cette pensée
du milieu d'un peuple, il n'est plus réuni en corps de nation

Cependant une religion imparfaite vaut mieux que l'absence de toute religion, et une idée fausse sur Dieu vaut mieux que la négation de Dieu.

La pire des erreurs en dogme et en morale, c'est l'athéisme, car l'athéisme tarit du même coup la source du vrai, du beau et du bien.

Que prétendent les sages de la nouvelle école? Ils disent que l'idée de Dieu est une *hypothèse*, et qu'ils veulent asseoir la morale sur des bases indiscutables. Double illusion ! Dieu, une hypothèse ! Mais il est au contraire la plus haute certitude. Et comment peut-on regarder comme une simple hypothèse l'être bienfaisant dont la pensée a jusqu'à ce jour soutenu et nourri l'humanité tout entière (1) ?

VIII. — *La morale soudée à la métaphysique.*

D'ailleurs nos adversaires se trompent dans leurs espérances. Ils prétendent établir la morale sur un

que par l'*intérêt* et par la *crainte*. La loi civile n'est plus, pour lui, qu'un contrat social *où il donne à condition de recevoir* ; s'il donne toujours et ne reçoit jamais, il devient une dupe à ses propres yeux. Ce qu'on appelle pompeusement le sentiment de la fraternité, ou la religion de la patrie, *n'a pour lui aucune signification*. Les citoyens ne sont que des associés et non des frères. Jamais le dévouement et le sacrifice n'auront de place dans un Etat ainsi conçu : jamais ce lien, fondé sur de telles bases, ne sera regardé comme *indissoluble* par celui qui en souffre. Si l'on veut créer une grande famille qui ait son unité morale, ses traditions, son honneur, dont tous les membres se reconnaissent solidaires les uns des autres ; dont la loi soit comprise et aimée, même lorsqu'elle frappe, il faut que le nom de la patrie réveille des idées religieuses, que chaque citoyen se croie attaché à elle par une volonté divine .., que les lois s'appuient non sur la balance des intérêts, mais sur l'éternel idéal de la justice, et qu'en signe de cette origine elles soient promulguées au nom de Dieu.»(*Relig. naturelle*, 4º part., ch. I).

(1) « Dieu est comme une statue magnifique, placée au centre d'avenues immenses, quelque chemin que l'on prenne, on la voit toujours au bout. » (J. Simon, *Le Devoir*, 3º part., ch. II. Mais si tous les chemins conduisent à Dieu, le plus court est encore celui de la conscience qui nous révèle en même temps la loi morale et son céleste auteur. Dieu est à la *base* et au *sommet* de l'idée du bien.

terrain *neutre*, la mettre à l'abri des disputes métaphysiques, et par là même réunir tous les suffrages. Ils ne remarquent pas que les hommes qui prennent l'idée du bien au sérieux n'ont aucune foi en cette morale « positive ». Ils ne s'aperçoivent pas non plus qu'ils sont eux-mêmes profondément divisés et que, sous ce rapport, ils n'ont pas le droit de jeter la première pierre dans le champ de la métaphysique.

Au surplus, il n'est pas en leur pouvoir de fonder la science des mœurs en dehors de toute conception transcendante. D'abord, ils doivent se prononcer sur la nature du bien, et cette question suppose résolue la question de la nature de l'homme. Car le bien d'un être dépend de son essence, et le bien de l'homme est entendu très différemment dans l'école sensualiste et dans l'école spiritualiste. — Ensuite, ils doivent être absolument fixés sur la fin de l'homme, puisque la fin commande les moyens, et que tous les actes de l'être moral doivent se rapporter au but suprême de la vie. Voilà donc *trois* problèmes de l'ordre métaphysique à résoudre : la nature du bien, la nature de l'homme, l'immortalité de l'âme et la vie future. Tant il est vrai qu'on ne peut faire de morale sans dogme, et qu'on ne peut en même temps renverser la doctrine et conserver les mœurs.

Conclusion.

La loi morale est universelle, absolue, indéfectible. Étrangère aux considérations d'utilité, austère aux penchants et au plaisir, indifférente aux jugements des pouvoirs civils, dédaigneuse de l'opinion, elle plane au-dessus de la région plus haute, mais trop mobile encore du sentiment. La raison peut bien la découvrir et soumettre ses titres à son contrôle. Une fois comprise, elle domine la raison et s'impose à la conscience.

La loi morale est donc par essence une loi transcendante et divine. En rapporter le principe à la raison humaine, ce n'est pas seulement la dépouiller de son auréole, c'est en fausser le concept et en méconnaître tous les caractères.

Mais si la règle des mœurs est austère, les passions sont ardentes et l'homme est faible. Qui donnera à l'homme la force dont il a besoin pour ne pas défaillir dans le rude sentier du devoir? Celui-là même qui édicte la loi et crée l'obligation. Laissez au juste et au faible l'image bénie du Père qui est au ciel. Cette pensée les aidera à vaincre le mal et à demeurer fidèles au parti de la vertu.

« Ce nom amène avec soi le cortège de tout ce qui est grand et noble. Il signifie la vérité et la vertu. C'est une lumière qui montre la pourriture des passions honteuses sous son aspect véritable. Quelque abattue que soit une âme, il y a quelque part en elle tout un ensemble de souvenirs touchants et vivifiants que ce grand nom de Dieu éveille (1). »

Laissez à l'âme portée au mal la pensée du juge incorruptible. Rien ne saurait plus efficacement l'empêcher de s'abandonner au torrent de la passion qui l'entraîne. Rappelez ce souvenir salutaire à celui qui est tombé, faites luire à ses yeux un rayon d'espérance, dites-lui d'adresser une prière au Dieu qui charma sa jeunesse et soutint son enfance : la guérison est possible dès que le malade a consenti à prier.

Toute vie d'homme a ses ombres, ses combats et ses dangers ; l'idée de Dieu est l'étoile qui brille au ciel et montre le chemin, elle est la flamme qui échauffe le cœur et la force qui soutient le bras quand il faiblit.

Elle detourne les uns de l'abîme, elle élève les autres aux sommets les plus hauts.

(1) J. Simon, *Relig. naturelle*, 4ᵉ part., ch. I.

TABLE DES MATIÈRES

FIN DE LA TABLE

9 782012 837584